गांधीजी का इंटरव्यू 2022 में

सपना सच हो गया

विवेक कुमार पांडे शंभुनाथ

में बहुत ही अच्छा सपना देख रहा था । में सपने एक न्युज एंकर (रिपोर्ट) बना था , में अभी लाईव रिपोर्टिंग कर रहा था .तभी महात्मा गांधी जी मेरे सपने में आए। मैने उनका इंटरव्यू लिया. इस स्टोरी को पढ़ने से बहुत फायदा होगा एक तों इतिहास जानने को मिलेगा । मुझे भी बहुत मज़ा आया महात्मा गांधी जी का इंटरव्यू लेके. एक बार पढ के जरूर बताइएगा ,इस किताब को लिखा है श्री विवेक कुमार पांडे शंभुनाथ जी ने. ।

क्रम-सूची

प्रस्तावना   vii

भूमिका   ix

पावती (स्वीकृति)   xi

1. गांधीजी का इंटरव्यू 2022 में   1

प्राचीन भारत का इतिहास   61

प्रस्तावना

इस किताब को लिखने के दौरान कोई भी धर्म या जाति एवम् किसी भी परिवार के सदस्य को नुक्सान नहीं पहुंचाया गया है । इस किताब को लिखा है श्री विवेक कुमार पांडे शंभुनाथ जी ने ।

भूमिका

मेरा नाम विवेक कुमार पांडे है और मैं एक लेखक हु , में गुजरात के सुरत में निवास करता हूं.मेरा जन्म ३० सेप्टेंबर २००२ में हुआ था, और मुझे बचपन से एक्टर बनने का सोख रहा है और अभी भी है.। में कभी ये नहीं सोचता की लोग क्या कर रहे हैं में ये सोचता हूं कि में क्या कर रहा हूं, में आज सफल हूं तो अपने पापा की वजह से आज वो रहते तो उन्हें बहुत खुशी होती , वो सदा और हमेशा मेरे साथ रहेंगे.। मेरे रियल लाइफ के सुपरस्टार और सुपर हीरो मेरे प्यारे पापा है । आई लव यू पापा । पापा को मेरे हाथ कि चाय बहुत अच्छी लगती थी ।

जब उनका मन करता था चाय पीने के लिए तो वो कहते थे । मुझे चाय पीना है कौन बनाएगा मम्मी कहती में बना देती हूं लेकिन पापा कहते नहीं मेरा बेटा बनाएगा । उसके हाथ कि चाय मुझे बहुत अच्छा लगता है । जब भी काम करके घर आने वाले होते हैं तब मुझे फोन करते है विवेक बेटा बोलो क्या खाओगे सेब ले लु । में कहता ठीक है पापा ले लिजिए । पापा कहते कितना लू एक किलो या 2 किलो । में कहता नहीं पापा सिर्फ में ही खाता हूं भईया और दीदी को फल अच्छा ही नहीं लगता है इसलिए 3 सेब ले लेना । लेकिन पापा मेरे लिए दो तीन किलो फल लेकर आ ही जाते थे । पहले ले लेते फिर मुझे फोन करते । हमेशा ऐसा ही करते थे ।

में ये नहीं कह रहा हूं कि मुझे बहुत ज्यादा प्यार और मानते थे । वो अपने तीनों संतानों को प्यार करते थे । सबसे छोटा तो में ही था घर में , मुझसे बड़ी मेरी बहन और मेरी बहन से भी बडे मेरे भईया । में आज भी वो दिन का इंतजार कर रहा हूं जब पापा मेरे लिए कुछ लेकर आएंगे । मेरे कान तरस रहे है वो आवाज़ सुनने के लिए । लेकिन कहते हैं जो चीज चली जाए वो कभी लौटकर नहीं आती है । आप सभी से निवेदन है आप अपने मम्मी और पापा का ध्यान रखें । दुनिया में एक ही भगवान है वो है माता ओर पिता ।

में बहुत ही शरारती था बचपन में । मुझे किताब लिखने का शोख बचपन से ही था । जब में तीसरी कक्षा में पढ़ता था । तब से ही किताब लिखता था में और मेरा दोस्त हम दोनों किताब लिखके सभी को दिखाते थे और कहते थे जिन्हें मेरा किताब अच्छा लगे तो अपना हस्ताक्षर कर दे । मेरे अंदर एक बहुत ही खास विशेषता है में किसी के चक्कर में नहीं रहता हूं । कौन क्या कर रहा है करने दो मुझे कुछ फर्क नहीं पड़ता है । मुझे सिर्फ अपने आप पर ध्यान देना है ।

क्योंकि दुनिया में ऐसे भी लोग हैं जो नहीं खुद कुछ करना चाहते हैं और नहीं दुसरो को कुछ करने देना चाहते हैं । एक बात ध्यान रखें अगर आप कोई भी नया काम करते हैं तो पहले लोग ताना मारते ही है । ये मत करो वो मत करो तुम्हारे बस कि बात नहीं है , तुम नहीं कर सकते हो . मुझे यह पता नहीं चलता लोग इतना सुझाव क्यों देते हैं । हमें जो करना है हम वहीं करेंगे । कई लोग हैं जो दुसरो के कहने पर वही करते हैं लेकिन मैं आपसे कह रहा हूं आप जो करना चाहे वो करे किसी के कहने पर खाई में मत कुदे । आपकी जिंदगी आपके ही

हाथों में है लोगों के हाथों में नहीं है ।

पावती (स्वीकृति)

किताब पढ़कर मुझे एक सवाल का जवाब जरूर दिजिएगा ।

सवाल : हमारे लिए सरकार ने क्या - क्या किया है ।

मेरा उत्तर जरूर पढ़िएगा अगर आपका भी उत्तर मेरे जैसा ही हो तो नीचे हा और ना का जवाब जरूर दे ।

जवाब : मेरे ख्याल से सरकार ने हमारे लिए कुछ भी नहीं किया है । अब सुनना मेरी बात ध्यान से । तुम नई गाड़ी खरीदते हों , उस गाड़ी को रोड़ पर चलाने के लिए रिटेलर टेक्स लेता ही है । पानी पीते हो उसका बिल भी तुम खुद भरते हो । नौकरी करके पैसा कमाते हो उसमें से भी सरकार टेक्स लेती हैं । क्या छोड़ रही है सरकार क्या दे रही है सरकार तुम्हें । वो तो छोड़ो सरकार हगने का पैसा भी लेती है । सभ कुछ तुम खुद से कर रहे हों बताओं सही बोल रहा हूं कि नहीं । क्या कर रही है सरकार तुम्हारे लिए ।

अगर सही लगे बात तो हा और ना में जवाब दे।

हा _______ ना _______

1

गांधीजी का इंटरव्यू 2022 में

गांधीजी का इंटरव्यू 2022 में [विवेक कुमार पांडे]
©ऒलराइटरिजर्वटूश्रीविवेककुमारपांडे

में बहुत ही अच्छा सपना देख रहा था । में सपने एक न्युज एंकर (रिपोर्ट) बना था , में अभी लाईव रिपोर्टिंग कर रहा था सुधीर चौधरी के साथ जी न्यूज़ चैनल पर, सुधीर जी ने मुझ से कहा में दो तीन घंटे बाद आता हूं । तभी महात्मा गांधी जी मेरे सपने में आए।

बहुत ही इंटरेस्टिंग होने वाला है महत्मा गांधी जी के साथ मेरा इंटरव्यू । कहानी कि शुरुआत होती है जब गांधी जी मेरे सपने में आते और मुझ से कुछ कहना चाहते थे । मैंने गांधी जी से कहा बैठिए साथ में मिलकर बातें करते हैं । एक काम करता हूं में आपका इंटरव्यू ही ले लेता हूं ।

महात्मा गांधी जी : बेटा विवेक तुम मेरा इंटरव्यू लो और लोगों को बताओ शायद वो भुल गए हैं कि कौन है माहत्मा गांधी .।

विवेक कुमार पांडे : जी पहले मुझे आशीर्वाद दे ताकि में अपना सपना पूरा कर सकु ।

महात्मा गांधी जी : मेरा आशिर्वाद हमेशा तुम्हारे साथ रहेगा । तुम अपने पिताजी और तुम्हरा नाम रोशन करो । तुम बहुत तरक्की करोंगे .।

विवेक कुमार पांडे : जी मुझे आज बहुत ख़ुशी हुई आप जैसे महान पुरुष से मिलके .।

महात्मा गांधी जी : बेटा तुम्हारे पिताजी क्या करते हैं ।

विवेक कुमार पांडे : मेरे पिताजी मुझे छोड़कर चले गए । करीब आज से एक साल पहले उनको अकस्मात हार्ट अटैक आया और मुझे अकेले इस दुनिया में छोड़कर चले गए .।

महात्मा गांधी जी : नहीं बेटा वो तुम्हें कहीं भी छोड़कर नहीं गए हैं वो तुम्हारे साथ हमेशा रहेंगे .।

विवेक कुमार पांडे : जी ।।

महात्मा गांधी जी : विवेक बेटा मेरा इंटरव्यू लो डरना मत सभ कुछ पुछना । बेझ्झिझक सवाल पुछ सकते हो । सभी लोग मुझे भुल गए हैं । इसलिए आज सभी जानेंगे कौन है माहत्मा गांधी । तुम लाईव प्रसारण करो बेटा विवेक .।

विवेक कुमार पांडे : ठीक है में आपका इंटरव्यू लूंगा । लाईव प्रसारण टीवी चालू ही है . आप तैयार हैं ।

महात्मा गांधी जी : हां बेटा में तैयार हूं ।

विवेक कुमार पांडे : मेरा पहला सवाल आप पहले ये बताये कौन है माहत्मा गांधी जी .।

महात्मा गांधी जी : नहीं बेटा तुम मेरा सेल्फ इंट्रोडक्शन कर दो फिर सवाल पुछो मुझ से .।

विवेक कुमार पांडे : जी आप जैसा कहे । में सभी जनता से कहना चाहता हूं आखिर कौन है माहत्मा गांधी जी . ।

सत्य और अहिंसा की राह पर चलते हुए अपने कर्तव्यों का पालन करने की सीख गांधी जी को उनकी मां से मिली थी। इंग्लैंड पढ़ाई के दौरान उन्हें कई बार अपमान सहना पड़ा था फिर भी वो रास्ते से अडिग नहीं हुए। ऐसी ही कई घटनाएं हैं जो प्रेरित करने के साथ ही आश्चर्यचकित भी करती हैं। जानेंगे इनके बारे में... तो आगे बढ़ते हैं आप सभी मुझे सुन रहे हैं कि नहीं . चलिए अब जानते हैं माहत्मा गांधी जी का जन्म कहां और कब हुआ था ।

महात्मा गांधी जी का जन्म

राष्ट्रपिता महात्मा गांधी का जन्म गुजरात के पोरबंदर में 2 अक्टूबर 1869 को हुआ था | इनके पिता का नाम करमचंद गांधी और माता का नाम पुतलीबाई था | ब्रिटिश हुकूमत में इनके पिता पोरबंदर और राजकोट के दीवान थे। महात्मा गांधी का असली नाम मोहनदास करमचंद गांधी था और यह अपने तीन भाइयों में सबसे छोटे थे। गांधी जी का सीधा-सरल जीवन इनकी मां से प्रेरित था।

गांधी जी का पालन-पोषण वैष्णव मत को मानने वाले परिवार में हुआ, और उनके जीवन पर भारतीय जैन धर्म का गहरा प्रभाव पड़ा, जिसके कारण वह सत्य और अहिंसा में अटूट विश्वास करते थे और आजीवन उसका अनुसरण भी किया। आप सभी मुझे सुनते रहिएगा .।

महात्मा गांधी जी : हा बेटा एक दम सही बता रहे हो सभी को मेरे बारे में .।

विवेक कुमार पांडे : जी । आगे बढ़ते हैं । अब हम जानेंगे महात्मा गांधी जी की शिक्षा के बारे में .।

गांधी जी की प्रारम्भिक शिक्षा पोरबंदर में हुई थी। पोरबंदर से उन्होंने मिडिल स्कूल तक की शिक्षा प्राप्त की, इसके बाद इनके पिता का राजकोट ट्रांसफर हो जाने की वजह से उन्होंने राजकोट से अपनी बची हुई शिक्षा पूरी की। साल 1887 में राजकोट हाई स्कूल से मैट्रिक की परीक्षा पास की और आगे की पढ़ाई के लिये भावनगर के सामलदास कॉलेज में प्रवेश प्राप्त किया, लेकिन घर से दूर रहने के कारण वह अपना ध्यान केन्द्रित नहीं कर पाएं और

अस्वस्थ होकर पोरबंदर वापस लौट गए.।

4 सितम्बर 1888 को इंग्लैण्ड के लिये रवाना हुए। गांधीजी ने लंदन में लंदन वेजीटेरियन सोसायटी की सदस्यता ग्रहण की और इसके कार्यकारी सदस्य बन गये। गांधी जी लंदन वेजीटेरियन सोसाइटी के सम्मेलनों में भाग लेने लगे और पत्रिका में लेख लिखने लगे। यहां 3 सालों (1888-1891) तक रहकर अपनी बैरिस्टरी की पढ़ाई पूरी की और सन् 1891 में वापस भारत आ गए.।

" अब हम जानेंगे महात्मा गांधी जी कि वैवाहिक जीवन के बारे में .।

गांधी जी का विवाह सन् 1883 में मात्र 13 वर्ष की आयु में कस्तूरबा जी से हुआ था। लोग उन्हें प्यार से 'बा' कहकर पुकारते थे। कस्तूरबा गांधी जी के पिता एक धनी व्यवसायी थे । शादी से पहले तक कस्तूरबा पढ़ना-लिखना नहीं जानती थीं। गांधी जी ने उन्हें लिखना-पढ़ना सिखाया। एक आदर्श पत्नी की तरह बा ने गांधी जी का हर एक काम में साथ दिया। साल 1885 में गांधी जी की पहली संतान ने जन्म लिया, लेकिन कुछ समय बाद ही निधन हो गया था।

माहत्मा गांधी जी का जन्म कथा यही है । अब हम जानेंगे माहत्मा गांधी जी ने अपने भारत देश के नागरिकों के लिए क्या किया .।

महात्मा गांधी जी : रुको बेटा अब तुम अपने बारे में बताओ पहले .।

विवेक कुमार पांडे : जी आप जैसा कहे लेकिन क्या कहुं अपने बारे में .

महात्मा गांधी जी : कुछ भी बताओं ताकि पुरी दुनिया तुम्हें सुन सके .

विवेक कुमार पांडे : कौन मुझे सुनेगा , कोई भी मुझे नहीं पहचानता है तो फिर में क्या कहुं .

महात्मा गांधी जी : देखो बेटा विवेक तुम घबराओ मत कहो अपने बारे में बताओ दुनिया वालों को . कोई बात नहीं सिर्फ ऐसा समझो में तुम्हें सुन रहा हूं .।

विवेक कुमार पांडे : जी । मेरा नाम विवेक कुमार पांडे है और मैं एक लेखक हु , में गुजरात के सुरत में निवास करता हूं.मेरा जन्म ३० सेप्टेंबर २००२ में हुआ था, और मुझे बचपन से एक्टर बनने का सोख रहा है और अभी भी है.। में कभी ये नहीं सोचता की लोग क्या कर रहे हैं में ये सोचता हूं कि में क्या कर रहा हूं, में आज सफल हूं तो अपने पापा की वजह से आज वो रहते तो उन्हें बहुत खुशी होती , वो सदा और हमेशा मेरे साथ रहेंगे.। मेरे रियल लाइफ के सुपरस्टार और सुपर हीरो मेरे प्यारे पापा है । आई लव यू पापा । पापा को मेरे हाथ कि चाय बहुत अच्छी लगती थी ।

जब उनका मन करता था चाय पीने के लिए तो वो कहते थे । मुझे चाय पीना है कौन बनाएगा मम्मी कहती में बना देती हूं लेकिन पापा कहते नहीं मेरा बेटा बनाएगा । उसके हाथ कि चाय मुझे बहुत अच्छा लगता है । जब भी काम करके घर आने वाले होते हैं तब मुझे फोन करते है विवेक बेटा बोलो क्या खाओगे सेब ले लु । में कहता ठीक है पापा ले लिजिए । पापा कहते कितना लू एक किलो या 2 किलो । में कहता नहीं पापा सिर्फ में ही खाता हूं भईया और

दीदी को फल अच्छा ही नहीं लगता है इसलिए 3 सेब ले लेना । लेकिन पापा मेरे लिए दो तीन किलो फल लेकर आ ही जाते थे । पहले ले लेते फिर मुझे फोन करते । हमेशा ऐसा ही करते थे ।

मैं ये नहीं कह रहा हूं कि मुझे बहुत ज्यादा प्यार और मानते थे । वो अपने तीनों संतानों को प्यार करते थे । सबसे छोटा तो मैं ही था घर में , मुझसे बड़ी मेरी बहन और मेरी बहन से भी बड़े मेरे भईया । मैं आज भी वो दिन का इंतजार कर रहा हूं जब पापा मेरे लिए कुछ लेकर आएंगे । मेरे कान तरस रहे है वो आवाज़ सुनने के लिए । लेकिन कहते हैं जो चीज चली जाए वो कभी लौटकर नहीं आती है । आप सभी से निवेदन है आप अपने मम्मी और पापा का ध्यान रखें । दुनिया में एक ही भगवान है वो है माता और पिता ।

महात्मा गांधी जी : बहुत खुब मुझे बहुत अच्छा लगा तुम्हरी बातें पर जो तुम्हारे साथ हुआ वैसा किसी के साथ नहीं हो ।

(मैं ये सभी बातें कहकर लाईव प्रसारण में रोने लगा मुझे पिताजी कि याद आ गई .)

महात्मा गांधी जी : बेटा विवेक मत रो मैंने कहा है ना वो तुम्हें छोड़कर नहीं गए वो तुम्हारे साथ हमेशा रहेंगे .

विवेक कुमार पांडे : बस ऐसे ही आंख भर आई । ठीक है आगे बढ़ते हैं . ।

महात्मा गांधी जी : अब मुझसे सवाल पुछो .।

विवेक कुमार पांडे : जी । पहला सवाल .

महात्मा गांधी जी :रूको बेटा एक काम करते हैं मैं तुमसे सवाल पुछुंगा तुम उत्तर देना .

विवेक कुमार पांडे : आप जैसा कहे .।

महात्मा गांधी जी : गांधी जी ने हमारे देश के लिए क्या क्या किया?

विवेक कुमार पांडे : जैसे युद्ध बढता गया गांधी जी ने आजादी के लिए अपनी मांग को अंग्रेजों को भारत छोड़ो आन्दोलन नामक विधेयक देकर तीव्र कर दिया। यह गांधी तथा कांग्रेस पार्टी का सर्वाधिक स्पष्ट विद्रोह था जो भारत देश से अंग्रेजों को खदेड़ने पर लक्षित था।

महात्मा गांधी जी : बहुत खुब जवाब दिया तुमने विवेक बेटा . अगला सवाल , महात्मा गांधी ने देश को कैसे आजाद किया?

विवेक कुमार पांडे : फिर गांधी ने मार्च 1930 में नमक कर के खिलाफ सत्याग्रह अभियान शुरू किया। उन्होंने नमक बनाने के लिए गुजरात के अहमदाबाद से दांडी तक 388 किलोमीटर की दूरी तय की। हजारों लोग उनके साथ शामिल हुए और इसे भारतीय इतिहास के सबसे बड़े मार्च में से एक बना दिया।

महात्मा गांधी जी : सवाल : गांधी जी का भारत के प्रति क्या सपना था?

विवेक कुमार पांडे : आजादी से महात्मा गांधीका अर्थ केवल अंग्रेजी शासन से मुक्ति का नहीं था बल्कि वह गरीबी, निरक्षरता और अस्पृश्यता जैसी बुराइयों और कुरीतियों से मुक्ति का सपना देखते थे. वह चाहते थे कि देश के सारे नागरिक समान रूप से स्वाधीनता और

समृद्धि के सुख भोगें.

महात्मा गांधी जी : सवाल : गांधी जी के भारत के विषय में क्या विचार थे?

विवेक कुमार पांडे : गांधी जी एक महान शिक्षाविद थे, उनका मानना था कि किसी देश की सामाजिक, नैतिक और आर्थिक प्रगति अंततः शिक्षा पर निर्भर करती है। उनकी राय में शिक्षा का सर्वोच्च उद्देश्य आत्म-मूल्यांकन है। उनके अनुसार, छात्रों के लिये चरित्र निर्माण सबसे महत्वपूर्ण है और यह उचित शिक्षा के अभाव में संभव नहीं है।

महात्मा गांधी जी : लगता है तुम उन्हें बहुत अच्छे से जानते हो बेटा विवेक .।

विवेक कुमार पांडे : जी ।

महात्मा गांधी जी : सवाल : भारत देश को कौन आजाद किया?

विवेक कुमार पांडे : देश को आजादी दिलाने के लिए लाखों वीरों ने अपने प्राणों की कुर्बानी दी और काफी संघर्ष किया। देश को आजाद कराने में भगत सिंह, चंद्रशेखर आजाद, सुभाष चंद्र बोस, बालगंगाधर तिलक, सुखदेव, सरदार वल्लभभाई पटेल, गोपाल कृष्ण गोखले, लाला लाजपत राय, महात्मा गांधी जैसे अनेक वीरों के योगदान को कभी भुलाया नहीं जा सकेगा।

महात्मा गांधी जी : सवाल : भारत को आजादी कौन दिलाया?

विवेक कुमार पांडे : अहिंसा के रास्ते पर चलकर अंग्रेजों को झुकने पर मजबूर करने वालों में महात्मा गांधी का नाम सबसे पहले आता है। उन्होंने सत्याग्रह आंदोलन करके भारत को आजादी दिलाने में महत्वपूर्ण भूमिका निभाई थी। ब्रिटिशर्स की ओर से नमक पर टैक्स लगाए जाने के विरोध में गांधी जी की ओर से शुरू किया गया दांडी मार्च बहुत सफल हुआ था।

महात्मा गांधी जी : सवाल : महात्मा गांधी जब दक्षिण अफ्रीका से भारत लौटे तो उनकी आयु लगभग कितनी थी?

विवेक कुमार पांडे : महात्मा गांधी के स्वदेश वापस आने पर कई अनछुए पहलू। नौ जनवरी 1915 को जब अरबिया जहाज ने मुंबई के अपोलो बंदरगाह को छुआ, उस समय मोहनदास करमचंद गांधी की उम्र थी 45 साल।

महात्मा गांधी जी : सवाल : महात्मा गांधी के अनुसार स्वराज्य क्या है?

विवेक कुमार पांडे : गाँधी का मत था स्वराज का अर्थ है जनप्रतिनिधियों द्वारा संचालित ऐसी व्यवस्था जो जन-आवश्यकताओं तथा जन-आकांक्षाओं के अनुरूप हो।'' वस्तुतः गांधीजी का स्वराज का विचार ब्रिटेन के राजनैतिक, सामाजिक, आर्थिक, ब्यूरोक्रैटिक, कानूनी, सैनिक एवं शैक्षणिक संस्थाओं का बहिष्कार करने का आन्दोलन था।

महात्मा गांधी जी : तुम थक तो नहीं गए बेटा विवेक .।

विवेक कुमार पांडे : में नहीं थका हुं आप अगला सवाल पुछीए .।

महात्मा गांधी जी : सवाल : गांधीजी के दो प्रमुख सिद्धांत कौन से थे?

विवेक कुमार पांडे : उन्होंने कहा कि महात्मा गांधी ने सत्य, अहिंसा, आत्मनिर्भरता, सरल जीवन, आत्म अनुशासन, परधर्म सहिष्णुता समेत अन्य नैतिक मूल्यों की वकालत की। इन मूल्यों को खुद आत्मसात कर जीवन बिताया, उनका जीवन हमारे लिए आदर्श है। इन बिंदुओं के समाज के सभी आत्मसात करेंगे तो सुखी समाज निर्माण होगा।

महात्मा गांधी जी : सवाल : अंग्रेजों ने भारत को आजाद क्यों किया?

विवेक कुमार पांडे : जानें क्या है इसके पीछे की वजह एक तरफ गांधी जी भारत छोड़ो आंदोलन में थे, दूसरी तरफ नेहरू और जिन्ना के बीच बंटवारे का मुद्दा गर्माया था। इस बीच 30 जून 1948 तक बड़ा फैसला होने वाला था। तब माउंटबेटन ने ज्यादा इंतजार न करते हुए एक साल पहले यानी 1947 में ही भारत की आजादी का फैसला किया।

महात्मा गांधी जी : सवाल : आजादी की लड़ाई में कितने लोगों को फांसी हुई?

विवेक कुमार पांडे : सेशन कोर्ट जज एचई होत्म्स ने 9 जनवरी 1923 को 172 लोगों को फ़ांसी की सज़ा सुनाई थी जिसके ख़िलाफ़ इलाहाबाद हाई कोर्ट में अपील की गई.

महात्मा गांधी जी : सवाल : स्वतंत्रता आंदोलन में भाग लेने वाला स्वतंत्रता सेनानी कौन है?

विवेक कुमार पांडे : कमलादेवी चट्टोपाध्याय - वे भारत के शुरुआती विद्रोहियों में से एक थे और उन्होंने 1857 के स्वतंत्रता आंदोलन में हिस्सा लिया था। स्वतंत्रता आंदोलन में सक्रिय भूमिका निभाने के कारण उन्हें 14 अन्य लोगों के साथ फांसी की सजा दी गई थी।

महात्मा गांधी जी : सवाल : पहला क्रांतिकारी कौन था?

विवेक कुमार पांडे : ये सवाल तो गांधी जी के बारे में नहीं है लेकिन मैं जवाब जानता हूं । वासुदेव बलवंत फड़के का जन्म 4 नवंबर, 1845 को महाराष्ट्र के रायगड जिले के शिरढोणे गांव में हुआ था. ब्रिटिश सरकार के खिलाफ सशस्त्र विद्रोह का संगठन करने वाले फड़के भारत के पहले क्रांतिकारी थे. उन्होंने 1857 के प्रथम स्वतंत्रता संग्राम की विफलता के बाद आज़ादी के महासमर की पहली चिनगारी जलाई थी।

महात्मा गांधी जी : आजादी के पहले भारत में कितने राज्य थे?

विवेक कुमार पांडे : सन १९४७ में स्वतंत्रता और विभाजन से पहले भारतवर्ष में ब्रिटिश शासित क्षेत्र के अलावा भी छोटे-बड़े कुल 565 स्वतन्त्र रियासत हुआ करते थे, जो ब्रिटिश भारत का हिस्सा नहीं थे।

महात्मा गांधी जी : सवाल : हमने आजादी क्यों ली?

विवेक कुमार पांडे : ब्रिटिश सांसद ने तय की थी 30 जून, 1948 की डेडलाइन , राजगोपालाचारी ने कहा था कि यदि अंग्रेज जून, 1948 तक का इंतजार करते तो उनके पास को ट्रांसफर करने के लिए कोई पावर ही न बचती। इसके चलते माउंटबेटन ने अगस्त, 1947 में ही भारत की आजादी का फैसला लिया।

महात्मा गांधी जी : सवाल : 15 अगस्त 1947 को महात्मा गांधी कहाँ थे?

विवेक कुमार पांडे : वह 15 अगस्त 1947 को बंगाल के नोआखली में थे।

महात्मा गांधी जी : सवाल : गांधी जी कितनी बार जेल गए?

विवेक कुमार पांडे : उन्होंने अपने जीवन का 6 साल 5 महीने जेल में बिताए थे। 5. अपने आंदोलन के दौरान महात्मा गांधी 13 बार गिरफ्तार हुए।

महात्मा गांधी जी : सवाल : गांधी जी कांग्रेस में कब शामिल हुए थे?

विवेक कुमार पांडे : 1928: कलकता कांग्रेस अधिवेशन मे भाग लिया-पूर्ण स्वराज का आह्वान। 1929: लाहौर कांग्रेस अधिवेशन में 26 जनवरी को स्वतंत्रता दिवस घोषित किया गया - 'पूर्ण स्वराज' के लिये राष्ट्रव्यापी सत्याग्रह आन्दोलन आरम्भ। 1930: ऐतिहासिक नमक सत्याग्रह - साबरमती से दांडी तक की यात्रा का नेतृत्व।

महात्मा गांधी जी : सवाल : आजादी का क्या महत्व है?

विवेक कुमार पांडे : इंसानों के बंधनों से आजाद हो गये, मन के कुसंस्कारों के बन्धन से आजाद हों तो पूरा आजादी मिलेगी। दूसरों से लड़कर उनके बन्धन से तो आजाद हो गये, स्वयं के अन्दर व्याप्त कुसंस्कारों से लड़कर कितने लोग आजाद हो पाते हैं यह तो वक्त ही जानता है। आजादी एक दिन में नहीं मिली, शताब्दियां लग गयीं, इन बातों को भी समझने में वक्त लगेगा।

महात्मा गांधी जी : सवाल : महात्मा गांधी कौन सी बिरादरी के थे?

विवेक कुमार पांडे : गांधी ने जवाब दिया कि वह एक किसान और बुनकर हैं। मजिस्ट्रेट चौंक गया, उसने उनसे दोबारा यही सवाल किया और उसे जवाब भी वही मिला। हमें अभी याद दिलाया गया है कि गांधी एक बनिया परिवार में पैदा हुए थे।

महात्मा गांधी जी : सवाल : गांधी ने पढ़ाई के अलावा क्या किया?

विवेक कुमार पांडे : वहां उन्होंने भारतीय समुदाय की ओर से विभिन्न शिकायतों को उठाया और धीरे-धीरे खुद को पहले नागरिक अधिकारों के मुद्दों पर उनके वकील के रूप में और अंत में नस्लीय भेदभाव के खिलाफ और दक्षिण अफ्रीकी भारतीय अधिकारों के लिए एक राजनीतिक आंदोलन में उनके नेता के रूप में पाया। उनके तरीके असामान्य थे।

महात्मा गांधी जी : सवाल : गांधीजी ने नोबेल शांति पुरस्कार कब जीता था?

विवेक कुमार पांडे : नोबेले शांति पुरस्कार समिति हर साल नामांकन की संख्या उजागर करती है. महात्मा गांधी: 20वीं सदी के अहिंसा के इस सबसे बड़े पुजारी को शांति के नोबेल के लिए बार बार नामांकित किया गया. 1937, 1938, 1939, 1947 और अंत में जनवरी 1948 में हत्या किए जाने के ठीक पहले नामांकन के बावजूद नोबेल नहीं मिला.

महात्मा गांधी जी : सवाल : 1915 में दक्षिण अफ्रीका से लौटने के बाद गांधी जी ने अपनी पहली प्रमुख सार्वजनिक उपस्थिति कहाँ रखी थी?

विवेक कुमार पांडे : नौ जनवरी 1915 को जब अरबिया जहाज ने मुंबई के अपोलो बंदरगाह को छुआ, उस समय मोहनदास करमचंद गांधी की उम्र थी 45 साल। 12 साल से उन्होंने अपनी जन्म भूमि के दर्शन नहीं किए थे। उस जमाने में सिर्फ ब्रिटिश सरकार के खास आदमियों और राजा महाराजाओं को ही अपोलो बंदरगाह पर उतरने की अनुमति दी

जाती थी।

महात्मा गांधी जी : सवाल : गांधी जी के साथ दक्षिण अफ्रीका में कौन खेला था?

विवेक कुमार पांडे : महात्मा गांधी को दादा अब्दुल्ला ने दक्षिण अफ्रीका में वकालत करने का प्रस्ताव दिया, जिसके बाद वे 1893 में एक साल के कॉन्ट्रैक्ट पर दक्षिण अफ्रीका चले गए। दक्षिण अफ्रीका में इनको भारतीय होने के कारण भेदभाव का सामना करना पड़ा। 7 जून, 1893 को ही महात्मा गांधी ने सविनय अवज्ञा का पहली बार इस्तेमाल किया था।

महात्मा गांधी जी : सवाल : दांडी यात्रा कितने दिन चली थी?

विवेक कुमार पांडे : 6 अप्रैल 1930 को नवसारी जिले के दांडी पहुंच कर बापू ने एक मुट्ठी नमक उठाकर सविनय कानून भंग किया . 241 मील (करीब 388 किलोमीटर) तक गुजरी यह यात्रा 24 दिनों तक चली थी. दांडी मार्च 12 मार्च से 6 अप्रैल 1930 तक चला था.।

महात्मा गांधी जी : सवाल : दक्षिण अफ्रीका से लौटने के बाद गांधीजी ने कब और कहां अपना पहला सार्वजनिक भाषण दिया था?

विवेक कुमार पांडे : गांधी जी 1915 में दक्षिण अफ्रीका से हमेशा के लिए भारत आ गए थे. वो अब अपने देश के लिए आजादी की लड़ाई में हिस्सा लेना चाहते थे. लेकिन उन दिनों वो कांग्रेस के ऐसे नेताओं में नहीं थे, जिसकी पहचान बन चुकी थी. जब बनारस में उन्होंने सही मायनों में अपना पहला भाषण दिया तो लोग वाह वाह करने लगे.

महात्मा गांधी जी : सवाल : गांधीजी के पसंदीदा भजन के लेखक कौन हैं वैष्णव जन तो तेने कहिये?

विवेक कुमार पांडे : वैष्णव जन तो तेने कहिये अत्यन्त लोकप्रिय भजन है जिसकी रचना १५वीं शताब्दी के सन्त नरसी मेहता ने की थी। यह गुजराती भाषा में है। महात्मा गांधी के नित्य की प्रार्थना में यह भजन भी सम्मिलित था। इस भजन में वैष्णव जनों के लिए उत्तम आदर्श और वृति क्या हो, इसका वर्णन है।

महात्मा गांधी जी : सवाल : घायल लोगों को अस्पताल पहुंचाने हेतु गांधी जी कितने मील तक स्ट्रेचर खींचते हुए पैदल चलते थे?

विवेक कुमार पांडे : दक्षिण अफ्रीका में बोअर युद्ध के दौरान उन्होंने घायलों को स्ट्रेचर पर लादकर एक-एक दिन में पच्चीस -पच्चीस मील तक ढोया था। वे मीलों पैदल चल सकते थे। दूसरे लोग उनको पैदल चलते देखकर उनका अनुकरण करते थे। पैदल चलना कसरत का एक भाग है।

महात्मा गांधी जी : सवाल : साउथ अफ्रीका में महात्मा गांधी के आश्रम का क्या नाम था?

विवेक कुमार पांडे : महात्मा गांधी दक्षिण अफ्रीका में थे। उन्होंने वहां की ब्रिटिश सरकार के खिलाफ अहिंसक युद्ध छेड़ रखा था। गांधीजी ने वहां फीनिक्स आश्रम की स्थापना की थी, जहां रहकर वे आंदोलन का संचालन करते थे। उनके साथ जो लोग थे, वे गांधीजी के सादगीपूर्ण तरीकेसे जीवन-यापन के सिद्धांतों का पालन करते थे।

महात्मा गांधी जी : सवाल : गांधी जी के चिंतन का प्रमुख आधार क्या था?

विवेक कुमार पांडे : गांधीजी की सोच, पर्यावरण के प्रति मैत्री पूर्ण थी। उस सोच में समाज के अंतिम व्यक्ति के हितों का ध्यान रखा गया है। उनका विश्वास था कि गरीबी और प्रदूषण एक दूसरे के पोषक हैं। गांधी जी का सरल जीवन का नुस्खा, प्राकृतिक साधनों के असीमित उपभोग तथा अंतहीन शोषण पर रोक लगाता है।

महात्मा गांधी जी : सवाल : गांधी जी की फोटो नोट पर कब से छपी?

विवेक कुमार पांडे : रिजर्व बैंक ने पहली बार गांधी जी की तस्वीर वाले कोमेमोरेटिव यानी स्मरण के तौर पर 100 रुपये के नोट 1969 में पेश किए. यह साल उनका जन्म शताब्दी वर्ष था और नोटों पर उनकी तस्वीर के पीछे सेवाग्राम आश्रम भी था. गांधी जी की मौजूदा पोर्ट्रेट वाले करेंसी नोट पहली बार 1987 में आए.

महात्मा गांधी जी : दक्षिण अफ्रीका में महात्मा गांधी ने सत्याग्रह क्यों किया?

विवेक कुमार पांडे : दक्षिण अफ्रीका में गांधी को भारतीयों पर भेदभाव का सामना करना पड़ा। आरंभ में उसे प्रथम श्रेणी कोच की वैध टिकट होने के बाद तीसरी श्रेणी के डिब्बे में जाने से इन्कार करने के लिए में ट्रेन से बाहर फैंक दिया गया था। पायदान पर शेष यात्रा करते हुए एक यूरोपियन यात्री के अंदर आने के लिए उसे चालक द्वारा पिटाई भी झेलनी पड़ी थी।

महात्मा गांधी जी : बेटा अब पांच मिनट का ब्रेक ले लो थक गए हो इसलिए .।

विवेक कुमार पांडे : ठीक है । आप कहीं मत जाइएगा हम फिर से लौटेंगे एक छोटे से ब्रेक के बाद । धन्यवाद .।

(मैंने ब्रेक लिया और गांधी जी के लिए चाय और गरमा गरम कचोरी लेकर चपरासी अंदर आया)

चपरासी : सर आपके लिए कुछ लेके आया हूं । पहले गांधी जी आपकों प्रणाम करता हूं .।

महात्मा गांधी जी : सदा खुश रहो बेटा । क्या लाये हो हमारे लिए .।

चपरासी : में आपके लिए चाय और गरमा गरम कचोरी लेकर आया हूं .।

महात्मा गांधी जी : ठीक है जाओ तुम्हारे लिए एक कप चाय और कचोरीयां लेकर आओ .।

चपरासी : नहीं मैंने थोड़ी देर पहले खाना खाया है ।

महात्मा गांधी जी : ठीक है तो चाय पीलो ।

चपरासी : ठीक है आप जैसा कहे में बाहर जाकर चाय पी लुंगा . ।

(नाश्ता करने के मैंने गांधी जी से कहा अब लाईव प्रसारण टीवी पर करें या फिर और आराम करे)

महात्मा गांधी जी : हां बेटा विवेक लाईव प्रसारण टीवी पर चालु करो . ।

विवेक कुमार पांडे : ठीक है । तो फिर से आप सभी का स्वागत है कहीं भी मत जाइएगा हम आज जानके ही रहेंगे आखिर कौन है माहात्मा गांधी जी .।

महात्मा गांधी जी : सवाल : महात्मा गांधी ने हिंदू मुस्लिम एकता के लिए अपनी आहुति तक दे दी क्यों?

विवेक कुमार पांडे : जामिया मिल्लिया इस्लामिया में महात्मा गांधी और इस्लाम विषय पर हुई परिचर्चा में कहा गया कि बापू का मानना था कि देश में स्थायी शांति तब तक नहीं हो सकती जब तक सभी धर्मों के मानने वाले एक दूसरे की आस्था का सम्मान और संयम का पालन नहीं करते। इसमें कहा गया कि हिन्दू मुसलिम एकता के लिए गांधी ने अपनी जान तक दे दी।

महात्मा गांधी जी : सवाल : कब गांधीजी ने दक्षिण अफ्रीका में भारतीयों के पक्ष में तीसरा सत्याग्रह आंदोलन किया?

विवेक कुमार पांडे : गांधी ने छेड़ा अहिंसक आंदोलन,

1907 में जब ट्रांसवाल की सरकार ने एशियाटिक लॉ अमेंडमेंट एक्ट बनाया तो गांधी ने इसके ख़िलाफ़ अहिंसक आंदोलन छेड़ दिया. इस क़ानून के तहत भारतीयों को दक्षिण अफ्रीका में अपना रजिस्ट्रेशन कराना अनिवार्य कर दिया गया था. आंदोलन के दौरान गांधी को कई बार जेल जाना पड़ा.

महात्मा गांधी जी : आखिर क्यों गांधी सभी हिंदुओं से थोड़ा ज्यादा हिंदू थे?

विवेक कुमार पांडे : गांधी जी कहते थे मैं एक कट्टर हिन्दू परिवार से हूं. मेरे जानने वालों का मानना यही था कि गांधी मुस्लिम-परस्त और हिन्दू विरोधी हैं. लंबे समय तक मैंने भी गांधी को गालियां दीं हैं और गांधी के पक्ष में बहस करने वालों को बेवकूफ समझता रहा हूं. पर अब नहीं समझता.

जिस दिन पहली बार गांधी को पढ़ा था, उसी दिन बन्द कर दिया था. अब मेरा मानना है कि हर वो व्यक्ति जिसने गांधी को नहीं पढ़ा, नहीं समझा, गांधी का अनिवार्य विरोधी होता ही है. और हो भी क्यों न! एक थप्पड़ खाने के बाद दूसरा थप्पड़ खाने के लिए सहज भाव से गाल आगे करने वाली फिलॉसफी समझना इतना आसान भी नहीं है. वैसे भी भारत में गांधी को पढ़ने वाले कम और उनकी बातें करने वाले ज्यादा हैं. गांधीवाद की विकृत व्याख्या करने वाले तो और भी ज्यादा हैं. और अफवाहें तो अनंत काल से देश में संचार का माध्यम रही ही हैं.

खैर, गांधी को पढ़ने के बाद जो पहली बात मैं समझ पाया हूं, वो ये है कि हिन्दू का कट्टर होना दरअसल हिन्दू का पथभ्रष्ट होना है. कोई भी व्यक्ति सच्चा हिन्दू हो सकता है. कम हिन्दू या ज्यादा हिन्दू हो सकता है. यहां तक कि नास्तिक भी हिन्दू हो सकता है. लेकिन कट्टर होना किसी सचेत हिन्दू की विशेषता नहीं हो सकती.

महात्मा गांधी जी : बहुत ही खास हो रहा है ये इंटरव्यू .।

विवेक कुमार पांडे : गांधी जी मुझे आपसे एक सवाल पुछना है आप उसे शायद विस्तार में बता सकते हैं । धर्म कि हि बात है इंदिरा गांधी जी ने पारसी से शादी कर अपना धर्म क्यों बदला आप पूरे दर्शकों को बताइए जो हमें अभी टीवी पर देख रहे हैं . । आप तो सभ कुछ

जानते होंगे 19 वीं सदी से आज 2022 तक आप सभ कुछ देख ही रहे थे । आज हम सभी के सामने आए आपका बहुत बहुत धन्यवाद ।

महात्मा गांधी जी : बात मार्च 1942 की है, भारत छोड़ो आंदोलन से पहले की। इंदिरा और फिरोज गांधी की शादी होनी थी। इस शादी के कार्यक्रम को लेकर पंडित जवाहरलाल नेहरू तो सोच में थे ही, में भी और पूरा देश भी सोच रहा था। मेरे और पंडित नेहरू के पास इस शादी को रोकने के लिए बड़ी संख्या में चिट्ठियां आ रही थीं, क्योंकि शादी एक हिंदू और एक गैर-हिंदू के बीच होनी थी।

नेहरू जी का स्पष्ट मत था कि विवाह भले ही अंतर-धार्मिक हो, लेकिन इसके बाद वर और वधु में से किसी का धर्म परिवर्तन ना हो। इंदिरा और फिरोज भी यही चाहते थे। नेहरू जी ने 26 फरवरी 1942 को प्रेस के लिए एक वक्तव्य जारी किया, जो 28 फरवरी 1942 के मुंबई क्रॉनिकल में प्रकाशित हुआ।

इसमें लिखा था, 'अखबारों में मेरी बेटी इंदिरा की फिरोज गांधी के साथ सगाई के बारे में खबर प्रकाशित हुई है। लोग मुझसे भी इस बारे में पूछ रहे हैं। इसलिए मैं इस खबर की पुष्टि करता हूं.

मेरी लंबे समय से यही मान्यता है कि शादी के मामलों में माता-पिता को लड़के-लड़की को सलाह देनी चाहिए, लेकिन अंतिम फैसला लड़का और लड़की को ही करना है...जब मुझे इस बात की तसल्ली हो गई कि इंदिरा और फिरोज एक दूसरे से शादी करना चाहते हैं तो मैंने खुशी से उनके फैसले को स्वीकार कर लिया और उन्हें अपना आशीर्वाद दिया.।

मैंने भी इस प्रस्ताव को शुभकामनाएं दी हैं. फिरोज नौजवान पारसी हैं। वह कई वर्षों से हमारे परिवार के मित्र और साथी रहे हैं, बल्कि मैं तो उन्हें देश के काम और आजादी की लड़ाई में भी महत्वपूर्ण भागीदार के तौर पर देखता हूं। अगर मेरी बेटी ने जिस किसी से भी प्रेम किया होता तो मैं उसकी पसंद को कबूल कर लेता। अगर मैं ऐसा नहीं करता तो मैं उन सिद्धांतों से नीचे गिर जाता, जिन्हें मैंने हमेशा मान्यता दी है।'

मुंबई क्रॉनिकल में लिखा था, 'महात्मा गांधी चाहते हैं, यह शादी सेवाग्राम में हो। इससे उनके लिए शादी समारोह में शामिल होना आसान होगा। मैं उनके सुझाव की प्रशंसा करता हूं और उसके लिए आभारी हूं, लेकिन मेरे परिवार के सदस्य चाहते हैं कि यह समारोह घर पर हो। इसलिए विवाह एक महीने के भीतर इलाहाबाद में होगा।'

नेहरू ने तो यहां तक कहा कि इंदिरा की शादी सिर्फ उनकी बेटी की शादी नहीं है। यह शादी अलग तरीके से होगी, जिसमें दूल्हे और दुल्हन का धर्म परिवर्तन नहीं होगा। यह अंतर-धार्मिक विवाहों के लिए नजीर होगी। और भारत की संसद ने जब विशेष विवाह अधिनियम बनाया तो यह बात वाकई सच साबित हुई। मैंने खुद अपने हाथ से विवाह के लिए ऐसी पोथी तैयार की जिसमें हिंदू धर्म के और पारसी धर्म के धार्मिक मंत्रों को समाहित किया गया, लेकिन संयोग से पोथी काफी बड़ी बन गई।

16 मार्च 1942 को पंडित नेहरू ने वर्धा से लक्ष्मीधर शास्त्री को पत्र लिखा। इसमें उन्होंने इस बात का जिक्र किया की शादी की विधि ऐसी ना हो जाए कि लोगों को बहुत अजीब लगे। उन्होंने मेरी बनाई विवाह विधि भी लक्ष्मीधर शास्त्री को भेजी और उसमें लिखा कि इसके कुछ हिस्से हटा दिए जाने चाहिए। लेकिन पूरे पत्र में वह शास्त्री जी को समझाते रहे कि महात्मा गांधी की बातों पर पूरी गंभीरता से विचार किया जाए और उनका पालन किया जाए।

पत्र के अंत में नेहरू ने लिखा, 'यह शादी एक हिंदू और एक गैर-हिंदू के बीच हो रही है। जरथुस्त्र धर्म की बहुत सारी बातें वैदिक कर्मकांड से मिलती-जुलती है, क्योंकि दोनों धर्म का उद्गम एक ही जगह से है। इसके बावजूद यह तथ्य अपनी जगह बना रहता है कि शादी एक हिंदू और एक गैर-हिंदू के बीच हो रही है। जहां तक धर्म का सवाल है तो दोनों को विवाह के बाद भी अपने मूल धर्म में बने रहना है। इसके कानूनी पक्ष क्या होंगे, उसके बारे में मैं अभी बहुत विस्तार से बात नहीं करूंगा। लेकिन विवाह समारोह इस तरह का होना चाहिए कि यह हिंदू और गैर-हिंदू दोनों को शोभा दे। इस विवाह का विधान इस तरह की नजीर पेश करेगा, जो आगे चलकर सुधार और यहां तक की कानूनों के लिए भी आधार भूमि बनेगा।'

नेहरू जी को पता था कि आने वाले समय में भारत में भी धर्म और जाति की जगह कम होती जाएगी। शादी और विवाह के मामले सिर्फ माता-पिता और परिवार के अख्तियार में नहीं रहेंगे। जब समाज खुलेगा तो लड़के-लड़कियां आपस में उसी तरह एक दूसरे के संपर्क में आएंगे जैसे कि वे पश्चिमी देशों में आते हैं। उनके विवाह भी होंगे और बहुत संभव है, उस समय समाज उनका विरोध भी करेगा। इसलिए उन्होंने धर्मों के टकराव के बजाय धर्मों को हमकदम बनाकर शादी के एक नई पद्धति भारत में विकसित की। लव जिहाद जैसे मानसिक विकारों से निपटने के लिए बहुत ही लोकतांत्रिक तरीका नेहरू जी ने निकाला था।

नेहरू और इंदिरा ने सर्वधर्म समभाव को सिर्फ विवाह तक ही सीमित नहीं रखा। आगे चलकर जब इंदिरा की पहली संतान हुई तो नेहरू ने उस तरह के नामों पर विचार किया, जो हिंदू और पारसी दोनों धर्मों में समान रूप से स्वीकार हो। इसीलिए उन्होंने इंदिरा के चुने नाम राहुल को उस समय पसंद नहीं किया और उनके पहले बेटे का नाम राजीव रखा। हालांकि, इंदिरा ने आगे चलकर राजीव के बेटे का नाम राहुल रखा।

" बेटा विवेक बहुत लंबी कहानी है ".

विवेक कुमार पांडे : जी आप हमें बताएं आगे की कहानी क्या है।

महात्मा गांधी जी : इंदिरा आने वाले समय में भी धर्म नहीं अपने कर्म के लिए याद की जाएंगी। याद किया जाएगा कि उन्होंने किस तरह सिक्किम का भारत में विलय कराया। कैसे तिब्बत पर चीन के कब्जे का संतुलन बनाया। उन्हें 1967 के भारत-चीन युद्ध के लिए याद किया जाएगा। इसमें भारतीय सेना ने चीन के 450 सैनिकों को मार गिराया था, जबकि भारत के 88 सैनिक शहीद हुए थे। भारतीय सेना ने नाथू ला और चो ला इलाके से चीन के ठिकाने उखाड़ फेंके थे और वह जमीन आजाद करा ली थी। भारत-चीन के इस दूसरे युद्ध

का ही परिणाम था कि अगले 40 साल तक चीन ने भारत पर इस तरह का आक्रमण करने की हिम्मत नहीं की। वह तो 2020 में जाकर चीन ने भारत पर हमला करने की जुरित दिखाई और हमारे बीस सैनिक शहीद कर दिए।

इंदिरा राजाओं का प्रीविपर्स खत्म करने के लिए याद की जाएंगी। बैंकों के राष्ट्रीयकरण और बांग्लादेश मुक्ति संग्राम के रूप में पाकिस्तान के दो टुकड़े करने के लिए भी याद की जाएंगी। वह भारत की एकता, अखंडता और खासकर धर्मनिरपेक्षता के लिए जान कुर्बान करने वाली नेता के तौर पर याद की जाएंगी।

ऑपरेशन ब्लू स्टार के बाद सुरक्षा एजेंसियों ने उनसे बार-बार कहा कि वह सिख बॉडीगार्ड्स ना रखें, लेकिन देश के संविधान और भारत की आत्मा में यकीन करने वाली इंदिरा ने धर्मनिरपेक्षता की खातिर सिख बॉडीगार्ड्स को हटाने से इंकार कर दिया। वैसे, सुरक्षा एजेंसियों का अंदेशा सही साबित हुआ। इंदिरा को उनके सुरक्षा गार्डों ने ही गोलियों से छलनी कर शहीद कर दिया। महात्मा गांधी की हत्या से पहले भी उन्हें भी हमले को लेकर आगाह किया गया था। तब महात्मा यही कहते रहे, 'मैं किसी तरह की सुरक्षा स्वीकार नहीं कर सकता, अगर कोई मेरी हत्या करना चाहता है तो कर दे।' आखिरकार एक आतंकवादी ने 79 वर्ष के महात्मा की गोली मारकर हत्या कर दी।

इस तरह की हत्या से लोग मरते नहीं है, अमर हो जाते हैं। महात्मा ने कहा था कि ना तो मृत्यु महत्वपूर्ण है और ना जीवन। अगर कोई बात महत्वपूर्ण है तो वह है सत्य पर टिके रहना। फिर गांधी जी सत्य को भी परिभाषित करते हैं। वह कहते हैं कि सत्य का मतलब सिर्फ सच बोलना नहीं है। राजा हरिश्चंद्र की तरह सत्य के लिए हर मुसीबत को झेलना और सत्य पर अटल रहना ही सत्य का पालन है। अपनी मृत्यु में इंदिरा गांधी को वह महान सद्गति मिली। आज जो लोग इंदिरा गांधी के कर्म की जगह उनके धर्म के बारे में सवाल उठाते हैं, ईश्वर उन्हें भी सद्गति दे।

ठीक है विवेक में फिर से तुमसे सवाल पुछता जैसे पहले पुछ रहा था .।

विवेक कुमार पांडे : जी पुछीए ।

महात्मा गांधी जी : सवाल है .

विवेक कुमार पांडे : जी एक और सवाल में आपसे पुछ्ना चाहता हूं . क्या आप अनुमति दे सकते हैं .।

महात्मा गांधी जी : ठीक है सवाल पुछ्ो ।

विवेक कुमार पांडे : जब आपके अपने बेटे मणिलाल को कहा: फातिमा से विवाह अधर्म है, तुम्हारे बच्चों का धर्म क्या होगा?

महात्मा गांधी जी : मणिलाल करना चाहते थे 'टिम्मी' उर्फ़ फातिमा से विवाह

मणिलाल ने 1926 में अपने से छोटे भाई रामदास के जरिए पिता एमके गाँधी को संदेश भेजा कि वो टिम्मी (फातिमा) से शादी करना चाहते हैं। दरअसल फातिमा और उसके परिवार से एमके गाँधी के परिवार का दक्षिण अफ्रीका में रहने के दौरान गहरा रिश्ता था।

इसी कारण मणिलाल को यकीन था कि उनके पिता इस शादी के लिए मान जाएँगे। लेकिन मणिलाल में माना नहीं और मैंने उसे एक पत्र लिखकर भेजा, वो उनके लिए आशा के विपरीत था।

मैंने अपने बेटे को संबोधित करते लिखा। इस पत्र को मैंने 'एक मित्र के रूप में' मणिलाल की इच्छा को 'धर्म के विपरीत इच्छा' कहते हुए शुरू किया! पत्र में मैंने जो लिखा, वह एक 'आज्ञाकारी बेटे' के लिए और अधिक चौंकाने वाला था। उसका सपना चकनाचूर हो गया।

मैंने उस पत्र में लिखा था :-

"यदि तुम हिंदू होकर फातिमा के इस्लाम से जुड़े रहते हो, तो यह एक म्यान में दो तलवारें डालने जैसा होगा; या तुम अपनी आस्था से विमुख हो जाओगे। और फिर तुम्हारे बच्चों का धर्म क्या होना चाहिए? वे किस धर्म और आस्था के प्रभाव में बड़े होंगे? यह धर्म नहीं है, लेकिन केवल धर्म है, अगर फातिमा सिर्फ तुमसे शादी करने के लिए धर्मांतरण के लिए सहमत है। विश्वास एक परिधान जैसी चीज नहीं है जिसे हमारी सुविधा के अनुरूप बदला जा सकता है।"

"...धर्म के लिए एक व्यक्ति वैवाहिक जीवन को त्याग देगा, अपने घर को त्याग देगा, क्यों? यहाँ तक कि अपने जीवन को भी त्याग देगा।...ये धर्म नहीं अधर्म होगा, अगर फातिमा केवल शादी के लिए अपने धर्म को बदलना भी चाहे तो भी ठीक नहीं होगा। आस्था कोई कपड़ा नहीं, जो आप इसे कपड़े की तरह बदल लें। अगर कोई ऐसा करता है तो धर्म और घर से बहिष्कृत कर दिया जाएगा। ये कतई उचित नहीं..।"

"...ये रिश्ता बनाना समाज के लिए भी हितकर नहीं। ये शादी हिंदू मुस्लिमों पर अच्छा असर नहीं डालेगी। अंतरधार्मिक शादी करने के बाद तुम देश की सेवा के लायक नहीं रह जाओगे और शायद फीनिक्स आश्रम में रहकर 'इंडियन ओपिनियन' वीकली निकालने के लिए सही व्यक्ति नहीं रह सकोगे। तुम्हारे लिए भारत आना मुश्किल हो जाएगा। मैं 'बा' से तो इस बारे में कह भी नहीं सकता, वो तो इसकी अनुमति देने से रहीं। उसकी जिंदगी में यह हमेशा के लिए ही सबसे कड़वा अनुभव होगा।"

~ तुम्हारे पिताजी

विवेक कुमार पांडे : में अपने स्टुडियो एक होन हार रिपोर्ट को बुलाना चाहता हूं। वो बाहर गए थे अब आ गए हैं। आप आज्ञा दे।

महात्मा गांधी जी : आज्ञा है बुलाओ।

विवेक कुमार पांडे : तालियों के साथ स्वागत किजिए सुधीर चौधरी जी का ।।

सुधीर चौधरी : गांधी जी प्रणाम मुझे आशीर्वाद दिजिए।

महात्मा गांधी जी : सदा खुश रहो। बेटा में तुम्हारा सो हमेशा देखता हूं ऊपर से। आज में इसलिए आया क्योंकि मुझे सभ लोग भुल गए हैं कि आखिर कोन है महात्मा गांधी इसलिए

इंटरव्यू के लिए आया हूं फिर चला जाउंगा ।

सुधीर चौधरी : जी तो अब में भी अपने दर्शकों को कुछ विशेष बताना चाहता हूं .।

नेहरू-गांधी परिवार भारत का सबसे शक्तिशाली खानदान रहा है. इस खानदान ने देश पर करीब 50 वर्षों तक राज किया है. लेकिन सबसे बड़ा सवाल ये है कि इस परिवार को नेहरू गांधी परिवार क्यों कहा जाता है?

चलिए जानते हैं

दो अक्टूबर को राष्ट्रपिता महात्मा गांधी की 151वीं जयंती मनाई गई. सिर्फ भारत ही नहीं पूरी दुनिया में उन्हें याद किया गया. महात्मा गांधी का जीवन 79 वर्षों का था. लेकिन उनका जीवन अपने आप में एक युग था जिसे आप 'गांधी युग' कह सकते हैं. इस युग ने दुनिया को इस हद तक प्रभावित किया कि वो ग्लोबल ब्रांड बन गए.

महात्मा गांधी ने भारत और पूरी दुनिया को कैसे हमेशा के लिए बदल दिया. इसके बारे में आज आपको तमाम न्यूज़ चैनल और अखबार बता रहे होंगे. लेकिन आज हम आपको गांधी जी के विषय में कुछ नया बताना चाहते हैं. इस कहानी की शुरुआत होती है, गांधी सरनेम के साथ. जिसे भारत का सबसे शक्तिशाली सरनेम माना जाता है और आज भारत का जो राजनीतिक परिवार इस सरनेम का इस्तेमाल करता है, उसे तो कई लोग भारत की फर्स्ट फैमिली भी कहते हैं.

नेहरू-गांधी परिवार भारत का सबसे शक्तिशाली खानदान रहा है. इस खानदान ने देश पर करीब 50 वर्षों तक राज किया है. लेकिन सबसे बड़ा सवाल ये है कि इस परिवार को नेहरू-गांधी परिवार क्यों कहा जाता है और महज गांधी सरनेम की बदौलत ये घराना इतना शक्तिशाली कैसे बन गया? इस विषय पर विश्लेषण करने का ख्याल हमें एक ट्वीट को देखकर आया, जिसे कांग्रेस पार्टी ने ट्वीट किया था.

इस ट्वीट में लिखा है-

लाठियों से गांधी न तब डरे थे,

लाठियों से गांधी न अब डरेंगे.

यानी कांग्रेस पार्टी राजनीति के गांधी परिवार की तुलना राष्ट्रपिता महात्मा गांधी से कर रही है और इस तुलना का आधार वो झूठ है जिसका सच कभी देश के सामने आने ही नहीं दिया गया. राहुल गांधी, प्रियंका गांधी और सोनिया गांधी जैसे नाम सुनकर एक बार को लगता है कि ये सभी लोग शायद महात्मा गांधी के वशंज हैं या फिर इनका गांधी जी के साथ कोई गहरा संबध रहा है. लेकिन ऐसा बिल्कुल नहीं है.

आज के गांधी और उस जमाने के गांधी

इंटरनेट पर जब आप गांधी सरनेम के विषय में रिसर्च करते हैं तो पता चलता है कि भारत में करीब 1 लाख 56 हजार लोग अपने नाम के आगे गांधी सरनेम लगाते हैं, ये संख्या इससे ज्यादा भी हो सकती है. लेकिन जिस तरह से इस सरनेम का दोहन एक राजनीतिक घराने ने किया है, वैसा शायद ही किसी ने किया हो.

ये बहुत बड़ी विडंबना है कि आज के दौर के गांधी बड़े-बड़े सरकारी बंगलों में रहते हैं और सुविधाओं का दोहन करते हैं, जबकि असली गांधियों को कोई जानता भी नहीं. भारत सहित दुनिया के ज्यादातर लोगों को यही लगता है कि नेहरू गांधी परिवार ही महात्मा गांधी का असली वंशज हैं. लेकिन ये बात पूरी तरह से गलत है.

महात्मा गांधी के वंशज कौन हैं, ये आज हम आपको बताएंगे. लेकिन उससे पहले आप ये समझ लीजिए कि आज के गांधी और उस जमाने के गांधी कैसे एक दूसरे से न सिर्फ अलग हैं, बल्कि आचरण के नजरिए से एक दूसरे के बिल्कुल विपरीत हैं.

सबसे बड़ा अंतर है परिवारवाद

अक्सर लोग समझ लेते हैं कि नेहरू-गांधी परिवार के सदस्य महात्मा गांधी के ही रिश्तेदार हैं. ये एक तरह का फेक नैरेटिव है. इसलिए असली और नकली गांधी के बीच के बुनियादी अंतर को जानना हम सबके लिए जरूरी है.

सबसे बड़ा अंतर है परिवारवाद यानी राजवंश . महात्मा गांधी परिवारवाद के कट्टर विरोधी थे. उन्होंने अपने परिवार के लोगों को कभी भी प्रमोट नहीं किया. लेकिन नकली गांधी शुरू से ही परिवारवाद में विश्वास करते रहे हैं. नेहरू से इंदिरा गांधी, इंदिरा गांधी से राजीव गांधी, राजीव गांधी से राहुल और प्रियंका गांधी, ये एक सिलसिला है जो चल रहा है. स्थिति ये है कि गांधी परिवार के बाहर किसी को कांग्रेस का अध्यक्ष बनाने की कल्पना भी नहीं की जा सकती.

- महात्मा गांधी हमेशा राजनीति से दूर रहे. वो स्वतंत्रता संग्राम के सबसे बड़े नेता थे, लेकिन उनके लिए ये राजनीति का जरिया नहीं था. इसीलिए आजादी के बाद वो कांग्रेस पार्टी को खत्म कर देना चाहते थे. लेकिन नकली गांधियों का तो पेशा ही राजनीति है. उनका लगभग पूरा खानदान ही राजनीति में है.

- असली और नकली गांधी का तीसरा सबसे बड़ा अंतर है- पद की भूख. महात्मा गांधी ने कभी भी कोई पद नहीं लिया. वर्ष 1885 में कांग्रेस पार्टी की स्थापना हुई थी. गांधी सिर्फ एक बार वर्ष 1924 में इसके अध्यक्ष बने थे. स्वतंत्रता के बाद वो चाहते तो राष्ट्रपति या प्रधानमंत्री कुछ भी बन सकते थे. दूसरी तरफ नकली गांधी परिवार सिर्फ पद का भूखा है. इसी कारण कांग्रेस पार्टी आज मात्र 52 सांसदों पर सिमट गई है. फिर भी उन्होंने अध्यक्ष पद को परिवार के बाहर नहीं जाने दिया.

- चौथा सबसे बड़ा अंतर है सादगी. ये असली गांधी के जीवन का मंत्र था. वो न्यूनतम आवश्यकताओं पर आधारित जीवन जीते थे. उन्होंने कभी कोई बंगला या प्रॉपर्टी नहीं बनाई. लेकिन नकली गांधी बड़े-बड़े बंगलों में रहते हैं. उनके नाम पर दिल्ली और देश के कई शहरों में महंगी प्रॉपर्टी हैं. नकली गांधी जनता के सामने भले ही सादगी का दिखावा करते हों, लेकिन निजी जिंदगी में उनकी लाइफस्टाइल बड़ी ही शान-ओ-शौकत वाली है.

महात्मा गांधी की पारवारिक वंशावली

महात्मा गांधी हमारे आदर्श हैं. पूरा देश उन्हें राष्ट्रपिता कहता है लेकिन जब पारवारिक वंशावली का जिक्र होता है तब उनके फैमिली में आपको इंदिरा गांधी, राजीव गांधी, सोनिया गांधी या राहुल गांधी का नाम देखने को नहीं मिलेगा, क्योंकि इनका गांधी जी के असली परिवार से कोई संबंध नहीं है.

महात्मा गांधी के 4 बेटे थे. हरिलाल, मणिलाल, रामदास और देवदास. महात्मा गांधी के 154 वंशज दुनिया के 6 देशों में रह रहे हैं. इनमें से कोई डॉक्टर है, कोई प्रोफेसर है, कोई इंजीनियर है, कोई वकील है, तो कोई वैज्ञानिक है.

आपने महात्मा गांधी के वंशजों में से 3 लोगों के नाम शायद सुने होंगे. इनमें पहला नाम है, महात्मा गांधी के पोते राजमोहन गांधी का. जिन्होंने 1989 में राजीव गांधी के खिलाफ अमेठी से चुनाव लड़ा था.

इसके अलावा वर्ष 2017 में उप राष्ट्रपति पद के चुनाव में महात्मा गांधी के एक और पोते गोपाल कृष्ण गांधी ने भी चुनाव लड़ा था. वो विपक्ष के उम्मीदवार थे, हालांकि वो चुनाव हार गए थे.

महात्मा गांधी के एक और परपोते तुषार गांधी ने भी राजनीति में अपनी किस्मत आजमाई थी. उन्होंने 1992 में मुंबई से समाजवादी पार्टी के टिकट पर लोकसभा का चुनाव लड़ा था.

जो असली गांधी हैं, उन्हें कोई नहीं जानता

ये बहुत बड़ी विडंबना है कि गांधी सरनेम का इस्तेमाल करके लोगों ने बड़ी बड़ी सत्ताएं बना लीं. लेकिन जो असली गांधी हैं, उन्हें कोई नहीं जानता. करीब 4 वर्ष पहले मई 2016 में डीएनए में हमने आपको एक रिपोर्ट दिखाई थी. जिसमें हमने आपको महात्मा गांधी के पोते कनुभाई गांधी के बारे में बताया था. उस वक्त वो 87 वर्ष के थे.

कनुभाई गांधी महात्मा गांधी के तीसरे बेटे रामदास गांधी के बेटे थे और अपनी पत्नी के साथ दिल्ली के एक वृद्धाश्रम में रह रहे थे. वो 40 वर्षों तक अमेरिका में रहे और फिर 2014 में भारत लौटे. उनकी कोई संतान नहीं थी, इसलिए उन्हें वृद्ध आश्रम में रहना पड़ा.

2016 में दो महीने तक वो दिल्ली के एक वृद्धाश्रम में रहे और उसके बाद सूरत के एक वृद्धाश्रम में चले गए. लेकिन नवंबर 2016 में हार्ट अटैक की वजह से उनकी मृत्यु हो गई.

आपको जानकर हैरानी होगी कि कनुभाई ने अमेरिकी स्पेस एजेंसी नासा और अमेरिका के डिफेंस डिपार्टमेंट में भी काम किया था.

लेकिन अफसोस इस बात का है कि इतना शानदार काम करने के बाद भी इन दोनों को अपना अंतिम समय वृद्ध आश्रम में बिताना पड़ा और जीवन की विषमताओं के बीच कनुभाई गांधी की मृत्यु हो गई. गांधी सरनेम लगाकर राजनीति करने वालों ने इस शब्द को ही हाईजैक कर लिया, जबकि असली गांधी की बात कोई नहीं करता.

अमेरिका की अंतरिक्ष एजेंसी नासा में काम कर चुके कनुभाई गांधी को जब अपने दादा महात्मा गांधी का घर याद आया, तो अपनी पत्नी के साथ देश लौट आए, कुछ वक्त सूरत

के आश्रम बिताया और फिर कुछ दिनों पहले दिल्ली के पास इस वृद्धाश्रम में आ गए.

कनुभाई गांधी महात्मा गांधी के काफी करीब रहे हैं, इतने वर्षों तक गांधी के ही विचारों ने उन्हें सात समंदर पार भी देश से जोड़े रखा, लेकिन जब वो देश लौट आए तो न तो राजनीतिक गांधी उनकी सुध लेने पहुंचे और न ही उनके अपने.

हालांकि ज़ी न्यूज़ पर जब कनुभाई गांधी की तकलीफ दिखाई गई तो पूरा देश कनुभाई की मदद के लिए आगे आने लगा था.

जी न्यूज की मुहिम के बाद 2016 में ही तत्कालीन संस्कृति मंत्री महेश शर्मा, कनुभाई की पत्नी से मुलाकात करने पहुंचे थे और तब खुद प्रधानमंत्री मोदी ने कनुभाई से फोन पर काफी देर तक बातचीत की, गुजराती में उनका हाल चाल जाना और कुछ पुरानी यादों को साझा किया.

कनुभाई गांधी महात्मा गांधी के बेटे रामदास की संतान थे, कनुभाई और शिवा लक्ष्मी की अपनी कोई औलाद नहीं थी. हालांकि आश्रम में मिले प्यार ने कुछ हद तक ये कमी पूरी कर दी थी. लेकिन महात्मा गांधी और उनके विचारों को लाठी बनाकर सियासी सड़क पर चलने वाले देश के राजनीतिक गांधियों ने असली गांधी की सुध कभी नहीं ली.

कनुभाई गांधी सिर्फ इतना चाहते थे कि राजनीति करने वाले चाहें तो उनकी मदद ना भी करें, लेकिन गांधी के नाम का सिर्फ राजनीतिक इस्तेमाल न हो, बल्कि सच में राजनीति के गांधी असली गांधी से सन्मति हासिल करें. लेकिन अफसोस ऐसा हो नहीं पाया.

दादा फिरोज गांधी को कभी ट्विटर पर याद नहीं किया

राहुल और प्रियंका हर मुद्दे पर ट्विटर पर सक्रिय रहते हैं. देश के महापुरुषों को जयंती और पुण्यतिथि पर याद करते हैं, परनाना पंडित जवाहरलाल नेहरू हों या दादी इंदिरा गांधी, उन्हें हमेशा याद करते हैं लेकिन दादा फिरोज गांधी को कभी उन्होंने ट्विटर पर याद नहीं किया.

राहुल गांधी ने ट्विटर वर्ष 2015 में जॉइन किया था और 4 हजार 9 सौ से अधिक ट्वीट कर चुके हैं, लेकिन इनमें एक भी ट्वीट दादा फिरोज गांधी पर नहीं है. प्रियंका गांधी वाड्रा ने ट्विटर फरवरी 2019 में जॉइन किया था. वो 1 हजार से ज्यादा ट्वीट कर चुकी हैं लेकिन कभी भी उन्होंने अपना दादा को ट्वीट करके याद नहीं किया.

वर्ष 2019 के लोकसभा चुनाव के दौरान जब प्रियंका गांधी चुनाव प्रचार के लिए प्रयागराज गईं थी तब अपने पुश्तैनी घर आनंद भवन में रुकी थीं लेकिन वहां से 3 किलोमीटर दूर फिरोज गांधी की समाधि तक वो नहीं गईं. राहुल गांधी वर्ष 2012 में यूपी विधानसभा चुनाव के दौरान अपने दादा की समाधि पर गए थे.

गांधी परिवार, पारसी है या फिर हिंदू ?

फिरोज गांधी की गुमनामी तलाश करते हुए पिछले वर्ष हम प्रयागराज के पारसी कब्रिस्तान तक पहुंचे थे. यहां 100 से ज्यादा कब्रें मौजूद हैं और इन्हीं में से एक कब्र है, फिरोज गांधी की. राजनीतिक हितों की खातिर फिरोज गांधी को जीते जी और फिर उनकी

मृत्यु के बाद भी गुमनामी के अंधेरे में पहुंचा दिया गया.

अपने आप को दत्तात्रेय गोत्र का कौल ब्राह्मण बताने वाले राहुल गांधी के दादा फिरोज जहांगीर की कब्र प्रयागराज के मम्फोर्डगंज इलाके में मौजूद है. जिसे फिलहाल गांधी परिवार भूला चुका है.

ये एक पारसी कब्रिस्तान है यहां 100 से ज्यादा पारसी कब्रे हैं और उन्हीं में से एक कब्र है फिरोज जहांगीर गांधी की. जी न्यूज की टीम जब इस कब्रिस्तान में पहुंची, तो इस कब्र पर सफाई का काम शुरू हो गया. पीढ़ियों से इस कब्रिस्तान की देखभाल करने वाले लोग फिरोज गांधी की कब्र के बारे में कहते हैं कि दूसरे परिवार के लोग आते हैं वो नहीं आते, पुण्यतिथि वगैरह पर कांग्रेस वाले आते हैं.

प्रयागराज के स्थानीय लोगों के मन में भी ये सवाल है कि गांधी परिवार के लोग, फिरोज जहांगीर गांधी की कब्र को क्यों भूल गए हैं ?

हमारी मुलाकात पंडित मदन लाल शर्मा से हुई. ये कश्मीरी ब्राह्मणों के तीर्थ पुरोहित हैं. उनके पास नेहरू खानदान के हर सदस्य की पूरी जानकारी है.

प्रयागराज में कांग्रेस के नेता भी ये स्वीकार करते हैं कि फिरोज गांधी पारसी थे और उनके पूर्वज ईरान से आए थे. लेकिन कांग्रेस के नेताओं का मानना है कि फिरोज गांधी से शादी के बाद भी इंदिरा गांधी पारसी नहीं बल्कि हिंदू ही थीं. लेकिन कश्मीरी ब्राह्मणों और नेहरू परिवार के पुरोहित मदन लाल शर्मा ये मानते हैं कि फिरोज गांधी पारसी थे. इस हिसाब से उनके पुत्र राजीव गांधी भी पारसी थे. लेकिन गांधी परिवार हिंदू परंपराओं को मानता है.

अगर एक तरह से देखा जाए तो ये बहस आज तक जारी है कि गांधी वंश को नेहरू वंश कहा जाए या फिरोज जहांगीर वंश कहा जाए. गांधी परिवार, पारसी है या फिर हिंदू ?

गांधी जी मुझे आप ही बताइए आप हिंदू हैं या पारसी ?

महात्मा गांधी जी : मेरे संतानों ने भले धर्म परिवर्तन किया पर में हिंदू हुं । मेरे ख्याल से पंडित जवाहरलाल नेहरू ने धर्म परिवर्तन करके अच्छा नहीं किया ।

विवेक कुमार पांडे : मैं आपकी बात से सहमत हूं पंडित जवाहरलाल नेहरू ने धर्म परिवर्तन करके बहुत गलत किया ।

सुधीर चौधरी : इसलिए लोग आज कह रहे हैं तुम हिंदू तुम मुसलमान मैं सीख तुम ईसाई ।

विवेक कुमार पांडे : सुधीर जी आप बताइए जो खुद को हिंदू बताते थे उन्होंने फिर क्यों किया धर्म परिवर्तन । संविधान भी भीमराव अंबेडकर को नहीं लिखना चाहिए था । अगर संविधान ही लिखना था तो सबके लिए एक लिखते संविधान ।

सुधीर चौधरी : पंडित जवाहरलाल नेहरू के जन्म के 130 साल होने के मौके पर उनके जीवन के अलग-अलग पहलुओं की चर्चा हो रही है. ऐसे में उस फर्जी वॉट्सऐप मैसेज और डिजिटल अफवाह की चर्चा भी हो जानी चाहिए कि क्या वे मुसलमान थे. कई लोगों ने ऐसे मैसेज भी पढ़ें होंगे, जिसमें बताया जाता है कि वे अपने आपको दुर्घटनावंश हिंदू बताते थे.

बहरहाल इन अफवाहों से अलग जरा ईश्वर और धर्म के बारे में नेहरू के विचार जानते हैं. यही नहीं यह भी जाना जाए कि वह हिंदू धर्म और खुद की धार्मिकता को लेकर उनके क्या विचार थे. इस प्रश्न को जानने के लिए 1923 के आसपास का घटनाक्रम बड़ा काम का होगा.

उस समय मौलाना मुहम्मद अली कांग्रेस के सभापति और नेहरू कांग्रेस के सचिव थे. मौलाना मुहम्मद अली को मुहम्मद अली जिन्ना समझने की भूल पाठक नहीं करेंगे. दरअसल ये खिलाफत आंदोलन वाले अली बंधु मोहम्मद अली और शौकत अली में से एक थे. इनका पूरा नाम मौलाना मोहम्मद अली जौहर था. अब आप समझ गए होंगे कि समाजवादी पार्टी के सांसद आजम खान ने रामपुर में जो यूनिवर्सिटी बनाई है, वह इन्हीं मोहम्मद अली जौहर के नाम पर है.

बहरहाल मोहम्मद अली भारत की आजादी के सच्चे सपूत होने के साथ ही पक्के मजहबी आदमी थे. अपने धर्म को मानते थे. धर्म को लेकर नेहरू के विचार काफी खुले थे, इसलिए वे कोशिश करते थे कि मौलाना से धर्म के बारे में उनकी चर्चा कम हो.

नेहरू जी ने अपनी आत्मकथा 'मेरी कहानी' में इस घटना वर्णन किया है. नेहरू अपनी आत्मकथा में जो लिखते हैं उसका हिस्सा देखिए:

''एक और विषय था जिस पर अक्सर हमारी बहस हुआ करती थी और वह था ईश्वर. मोहम्मद अली एक अजीब तरीके से अल्लाह का जिक्र कांग्रेस के प्रस्तावों में भी ले आया करते थे. या तो शुक्रिया अदा करने की शक्ल में या किसी किस्म की दुआ की शक्ल में. मैं इसका विरोध किया करता था. वह जोर से बिगड़ते और कहते तुम बड़े नास्तिक हो. मगर फिर भी आश्चर्य है कि थोड़ी देर बाद मुझसे कहते कि एक मजहबी आदमी के सारे जरूरी गुण तुम में हैं, हालांकि तुम्हारा जाहिरा बर्ताव और दावा इसके खिलाफ है.''

''मैंने कई बार मन में सोचा है कि उनका कहना कितना सच था शायद यह इस बात पर निर्भर करता है कि कोई मजहब की क्या मानी करता है.''

मजहब की बहस से बचते थे नेहरू

नेहरू आगे लिखते हैं: ''मैं उनके साथ हमेशा मजहब के मामले में बहस करना टालता था क्योंकि मैं जानता था इसका नतीजा यही होता कि हम दोनों एक दूसरे पर चिढ़ उठते. मुमकिन था कि उनका जी दुख जाता. किसी भी मत के कट्टर मानने वाले से इस किस्म की चर्चा करना हमेशा मुश्किल होता है. बहुत से मुसलमानों के लिए तो यह शायद और भी मुश्किल हो, क्योंकि उनके यहां विचारों की आजादी मजहबी तौर पर नहीं दी गई है. विचारों की दृष्टि से देखा जाए तो उनका सीधा मगर तंग रास्ता है. उसका अनुयाई जरा भी दाएं बाएं नहीं जा सकता.

हिंदू धर्म के मामले में मुसलमानों से अलग

इसी संबंध में नेहरू लिखते हैं, ''हिंदुओं की हालत इस से कुछ भिन्न है, सो भी हमेशा नहीं. व्यवहार में चाहे वे कट्टर हों, उनके यहां बहुत पुरानी बुरी और पीछे ले जाने वाली रस्म

रिवाज माने जाते हैं, फिर भी वे धर्म के विषय में अत्यंत क्रांतिकारी और मौलिक विचारों की चर्चा करने के लिए भी हमेशा तैयार रहते हैं. मेरा ख्याल है कि आधुनिक आर्य समाजियों की दृष्टि आमतौर पर इतनी विशाल नहीं होती. मुसलमानों की तरह वे भी अपने सीधे और तंग रास्ते पर ही चलते हैं."

" विद्या-बुद्धि में बढ़े-चढ़े हिंदुओं के यहां ऐसी कुछ दार्शनिक परंपरा चली आ रही है, जो धार्मिक प्रश्नों में भिन्न-भिन्न विचार-दृष्टियों को स्थान देती है. हालांकि व्यवहार पर उसका कोई असर नहीं पड़ता. मैं समझता हूं कि इसका आंशिक कारण यह है कि हिंदू जाति में तरह-तरह के और अक्सर परस्पर विरोधी प्रमाण और रिवाज पाए जाते हैं.

इस संबंध में यहां तक कहा जाता है कि हिंदू धर्म को साधारण अर्थ में मजहब नहीं कह सकते.फिर भी कितनी गजब की दृढ़ता उसमें है. अपने आप को जिंदा रखने की कितनी जबरदस्त ताकत."

नेहरू का कहना था कि मैं एक ब्राह्मण पैदा हुआ और मालूम होता है कि ब्राह्मण ही रहूंगा, फिर मैं धर्म और सामाजिक रीति रिवाज के बारे में कुछ भी कहता और करता रहूं. हिंदुस्तानी दुनिया के लिए मैं पंडित हूं चाहे मैं उपाधि को नापसंद ही करूं.।

*भले ही कोई नास्तिक हो लेकिन रहता ही हिंदू ही है

नेहरू इसी मामले में आगे लिखते हैं, "भले ही कोई अपने को नास्तिक कहता हो, जैसा कि चार्वाक था. फिर भी कोई यह नहीं कह सकता कि वह हिंदू नहीं रहा. हिंदू धर्म अपनी संतानों को उनके न चाहते हुए भी पकड़ रखता है. मैं एक ब्राह्मण पैदा हुआ और मालूम होता है कि ब्राह्मण ही रहूंगा, फिर मैं धर्म और सामाजिक रीति रिवाज के बारे में कुछ भी कहता और करता रहूं. हिंदुस्तानी दुनिया के लिए मैं पंडित हूं चाहे मैं उपाधि को नापसंद ही करूं.'‘

*हिंदू धर्म को लेकर उदार थे नेहरू के विचार

दरअसल धर्म और खासकर हिंदू धर्म को लेकर नेहरू के विचार खासे उदार थे. वे महात्मा गांधी की उसी धार्मिक दृष्टि से प्रेरणा लेते थे जो कहती थी कि इतने विशाल देश को धर्म को किराने रखकर नहीं चलाया जा सकता. उनके लिए धर्म का मतलब एक निजी आध्यात्मिकता थी. हां, वे इसके राजनैतिक इस्तेमाल के खिलाफ जीवन भर डटे रहे.

महात्मा गांधी जी : ठीक है अब में सवाल पुछु ।

विवेक कुमार पांडे : जी

सुधीर चौधरी : जरूर पुछिए ।

महात्मा गांधी जी : बेटा मुझे पहले बताइए संविधान के बारे में कुछ .।

विवेक कुमार पांडे : भारतीय संविधान में वर्तमान समय में भी केवल 395 अनुच्छेद, तथा 12 अनुसूचियाँ हैं और ये 25 भागों में विभाजित है। परन्तु इसके निर्माण के समय मूल संविधान में 395 अनुच्छेद जो 22 भागों में विभाजित थे इसमें केवल 8 अनुसूचियाँ थीं। संविधान में सरकार के संसदीय स्वरूप की व्यवस्था की गई है जिसकी संरचना कुछ अपवादों के अतिरिक्त संघीय है। केन्द्रीय कार्यपालिका का सांविधानिक प्रमुख राष्ट्रपति

है।

भारत के संविधान की धारा 79 के अनुसार, केन्द्रीय संसद की परिषद में राष्ट्रपति तथा दो सदन है जिन्हें राज्यों की परिषद राज्यसभा तथा लोगों का सदन लोकसभा के नाम से जाना जाता है। संविधान की धारा 74 (1) में यह व्यवस्था की गई है कि राष्ट्रपति की सहायता करने तथा उसे परामर्श देने के लिए एक रूप होगा जिसका प्रमुख प्रधानमन्त्री होगा, राष्ट्रपति इस मन्त्रिपरिषद की सलाह के अनुसार अपने कार्यों का निष्पादन करेगा। इस प्रकार वास्तविक कार्यकारी शक्ति मन्त्रिपरिषद में निहित है जिसका प्रमुख प्रधानमन्त्री है जो वर्तमान में नरेन्द्र मोदी हैं।

मन्त्रिपरिषद सामूहिक रूप से लोगों के सदन (लोक सभा) के प्रति उत्तरदायी है। प्रत्येक राज्य में एक विधानसभा है। उत्तर प्रदेश, बिहार, महाराष्ट्र, कर्नाटक,आन्ध्रप्रदेश और तेलंगाना में एक ऊपरी सदन है जिसे विधानपरिषद कहा जाता है। राज्यपाल राज्य का प्रमुख है। प्रत्येक राज्य का एक राज्यपाल होगा तथा राज्य की कार्यकारी शक्ति उसमें निहित होगी। मन्त्रिपरिषद, जिसका प्रमुख मुख्यमन्त्री है, राज्यपाल को उसके कार्यकारी कार्यों के निष्पादन में सलाह देती है। राज्य की मन्त्रिपरिषद से राज्य की विधान सभा के प्रति उत्तरदायी है।

संविधान की सातवीं अनुसूची में संसद तथा राज्य विधायिकाओं के बीच विधायी शक्तियों का वितरण किया गया है। अवशिष्ट शक्तियाँ संसद में विहित हैं। केन्द्रीय प्रशासित भू-भागों को संघराज्य क्षेत्र कहा जाता है।

भारतीय संविधान के भाग

भारतीय संविधान 22 भागों में विभजित है तथा इसमे 395 अनुच्छेद एवं 12 अनुसूचियाँ हैं।

महात्मा गांधी जी : बेटा सुधीर अब तुम बताओ . संविधान का महत्व क्या है?

सुधीर चौधरी : संविधान ही नागरिकों के मौलिक अधिकारों और कर्तव्यों की रक्षा करता है । संविधान एक ध्रुव तारे के समान है, जो शासक को हमेशा दिशा-निर्देश देता है और उसका मार्गदर्शन करता है । संविधान ही सरकार के विभिन्न अंगों के बीच संबंध बनाए रखता है और उसमें जो मतभेद पैदा होता है, उसे स्पष्ट करता रहता है ।

महात्मा गांधी जी : एक बात कहता हूं सभी ध्यान से सुनना । आजादी के पहले की गई थी संविधान की मांग

वैसे तो साल 1934 में भारतीय राष्ट्रीय कांग्रेस ने संविधान सभा के गठन की मांगी को पहली बार अपनी अधिकृत नीति में शामिल किया. केवल भारतीयों को लेकर बनने वाली एक स्वंतत्र संविधान सभी की यह मांग दूसरे विश्वयुद्ध के दौरान और तेज हो गई. बता दें कि संविधान सभा के सदस्य 1935 में स्थापित प्रांतीय विधान सभाओं के सदस्यों द्वारा अप्रत्यक्ष विधि से चुने गए. फिर साल 1946 के दिसंबर महीने में एक संविधान सभा का गठन किया गया.

इसकी पहली बैठक 9 दिसंबर 1946 को हुई और फिर 14 अगस्त 1947 को विभाजित भारत के संविधान सभा के रूप में इसकी वापस बैठक हुई. संविधान सभा के इन सदस्यों के सामने एक बड़ी जिम्मेदारी थी. दरअसल, भारत में कई समुदाय थे. उनकी न तो भाषा एक थी, ना एक धर्म था और न ही एक जैसी संस्कृति थी. वैसे भी जब संविधान लिखा जा रहा था, उस समय हमारा देश भारी उथल-पुथल से गुजर रहा था. भारत और पाकिस्तान का बंटवारा लगभग तय हो चुका था.

***1950 में हुआ लागू**

हालांकि, संविधान सभा के सदस्यों ने इस ऐतिहासिक दायित्व को बहादुरी के साथ पूरा किया और देश को एक ऐसा कल्पनाशील दस्तावेज दिया, जिसमें राष्ट्रीय एकता को बनाए रखते हुए विवधता के प्रति गहरा सम्मान दिखाई देता है. साथ ही दिसंबर 1946 से नवंबर 1949 के बीच संविधान सभा ने स्वतंत्र भारत के लिए नए संविधान का एक प्रारूप तैयार किया. भारत की संविधान सभा ने 26 नवंबर 1949 को भारत के संविधान को अपनाया था, जो 26 जनवरी 1950 से लागू हुआ.

बताया जाता है कि संविधान के निर्माण पर कुल 64 लाख रुपये का खर्च आया था और संविधान के बनने में 2 साल, 11 महीने और 18 दिन का समय लगा था. भारतीय संविधान दुनिया में किसी भी संप्रभु देश का सबसे लंबा है. अपने वर्तमान रूप में, इसमें; एक प्रस्तावना, 22 भाग, 448 अनुच्छेद और 12 अनुसूचियां हैं.

विवेक कुमार पांडे : जी ।

सुधीर चौधरी : जी ।आपने हमें बहुत अच्छी जानकारी दी ।

महात्मा गांधी जी : विवेक बेटा मैं अब सवाल पुछ रहा हूं । सवाल : सत्या ग्रह को संक्षेप में बताओ ।

विवेक कुमार पांडे : गांधी जी ने मुझसे बहुत अच्छा सवाल पुछा है । सभी दर्शक ध्यान से सुनना मेरी बातों को । सत्या ग्रह के बारे में संक्षेप में बताने जा रहा हूं ।

गांधी जी को इस प्रकार की दुर्नीति पसंद नहीं थी। दक्षिण अफ्रीका में उनके आंदोलन की कार्यपद्धति बिल्कुल भिन्न थी उनका सारा दर्शन ही भिन्न था अत: अपनी युद्धनीति के लिए उनको नए शब्द की आवश्यकता महसूस हुई। सही शब्द प्राप्त करने के लिए उन्होंने एक प्रतियोगिता की जिसमें स्वर्गीय मगनलाल गांधी ने एक शब्द सुझाया "सदाग्रह" जिसमें थोड़ा परिवर्तन करके गांधी जी ने "ह‘ शब्द स्वीकार किया। अमरीका के दार्शनिक थोरो ने जिस सिविल डिसओबिडियेन्स (सविनय अवज्ञा) की टेकनिक का वर्णन किया है, "सत्याग्रह‘ शब्द उस प्रक्रिया से मिलता जुलता था।

"सत्याग्रह‘ का मूल अर्थ है सत्य के प्रति आग्रह (सत्य अ आग्रह) सत्य को पकड़े रहना और इसके साथ अहिंषा को मानना । अन्याय का सर्वथा विरोध(अन्याय के प्रति विरोध इसका मुख्या वजह था) करते हुए अन्यायी के प्रति वैरभाव न रखना, सत्याग्रह का मूल लक्षण है। हमें सत्य का पालन करते हुए निर्भयतापूर्वक मृत्य का वरण करना चाहिए और

मरते मरते भी जिसके विरुद्ध सत्याग्रह कर रहे हैं, उसके प्रति वैरभाव या क्रोध नहीं करना चाहिए।'

"सत्याग्रह' में अपने विरोधी के प्रति हिंसा के लिए कोई स्थान नहीं है। वे अहिंसा वादी थे। धैर्य एवं सहानुभूति से विरोधी को उसकी गलती से मुक्त करना चाहिए, क्योंकि जो एक को सत्य प्रतीत होता है, वहीं दूसरे को गलत दिखाई दे सकता है। धैर्य का तात्पर्य कष्टसहन से है। इसलिए इस सिद्धांत का अर्थ हो गया, "विरोधी को कष्ट अथवा पीड़ा देकर नहीं, बल्कि स्वयं कष्ट उठाकर सत्य का रक्षण।'

महात्मा गांधी ने कहा था कि सत्याग्रह में एक पद "प्रेम' अध्याहत है। सत्याग्रह की संधि में मध्यम पद का लोप है। सत्याग्रह यानी सत्य के लिए प्रेम द्वारा आग्रह। (सत्य + प्रेम + आग्रह = सत्याग्रह)

गांधी जी ने लार्ड इंटर के सामने सत्याग्रह की संक्षिप्त व्याख्या इस प्रकार की थी-"यह ऐसा आंदोलन है जो पूरी तरह सच्चाई पर कायम है और हिंसा के उपायों के एवज में चलाया जा रहा।' अहिंसा सत्याग्रह दर्शन का सबसे महत्वपूर्ण तत्व है, क्योंकि सत्य तक पहुँचने और उन पर टिके रहने का एकमात्र उपाय अहिंसा ही है। और गांधी जी के ही शब्दों में "अहिंसा किसी को चोट न पहुँचाने की नकारात्मक (निगेटिव) वृत्तिमात्र नहीं है, बल्कि वह सक्रिय प्रेम की विधायक वृत्ति है।'

सत्याग्रह में स्वयं कष्ट उठाने की बात है। सत्य का पालन करते हुए मृत्यु के वरण की बात है। सत्य और अहिंसा के पुजारी के शस्त्रागार में "उपवास' सबसे शक्तिशाली शस्त्र है। जिसे किसी रूप में हिंसा का आश्रय नहीं लेता है, उसके लिए उपवास अनिवार्य है। मृत्यु पर्यंत कष्ट सहन और इसलिए मृत्यु पर्यंत उपवास भी, सत्याग्रही का अंतिम अस्त्र है।' परंतु अगर उपवास दूसरों को मजबूर करने के लिए आत्मपीड़न का रूप ग्रहण करे तो वह त्याज्य है : आचार्य विनोबा जिसे सौम्य, सौम्यतर, सौम्यतम सत्याग्रह कहते हैं, उस भूमिका में उपवास का स्थान अंतिम है।

"सत्याग्रह' एक प्रतिकारपद्धति ही नहीं है, एक विशिष्ट जीवनपद्धति भी है जिसके मूल में अहिंसा, सत्य, अपरिग्रह, अस्तेय, निर्भयता, ब्राह्चर्य, सर्वधर्म समभाव आदि एकादश व्रत हैं। जिसका व्यक्तिगत जीवन इन व्रतों के कारण शुद्ध नहीं है, वह सच्चा सत्याग्रही नहीं हो सकता। इसीलिए विनोबा इन व्रतों को "सत्याग्रह निष्ठा' कहते हैं।

"सत्याग्रह' और "नि:शस्त्र प्रतिकार' में उतना ही अंतर है, जितना उत्तरी और दक्षिणी ध्रुव में। नि:शस्त्र प्रतिकार की कल्पना एक निर्बल के अस्त्र के रूप में की गई है और उसमें अपने उद्देश्य की सिद्धि के लिए हिंसा का उपयोग वर्जित नहीं है, जबकि सत्याग्रह की कल्पना परम शूर के अस्त्र के रूप में की गई है और इसमें किसी भी रूप में हिंसा के प्रयोग के लिए स्थान नहीं है। इस प्रकार सत्याग्रह निष्क्रिय स्थिति नहीं है। वह प्रबल सक्रियता की स्थिति है। सत्याग्रह अहिंसक प्रतिकार है, परंतु वह निष्क्रिय नहीं है।

अन्यायी और अन्याय के प्रति प्रतिकार का प्रश्न सनातन है। अपनी सभ्यता के विकासक्रम में मनुष्य ने प्रतिकार के लिए प्रमुखतः चार पद्धतियों का अवलंबन किया है.।

और

1) पहली पद्धति है बुराई के बदले अधिक बुराई। इस पद्धति से दंडनीति का जन्म हुआ जब इससे समाज और राष्ट्र की समस्याओं के निराकरण का प्रयास हुआ तो युद्ध की संस्था का विकास हुआ।

2) दूसरी पद्धति है, बुराई के बदले समान बुराई अर्थात् अपराध का उचित दंड दिया जाए, अधि नहीं। यह अमर्यादित प्रतिकार को सीमित करने का प्रयास है।

3) तीसरी पद्धति है, बुराई के बदले भलाई। यह बुद्ध, ईसा, गांधी आदि संतों का मार्ग है। इसमें हिंसा के बदले अहिंसा का तत्व अंतर्निहित है।

4) चौथी पद्धति है बुराई की उपेक्षा।

अचार्य विनोबा कहते हैं- "बुराई का प्रतिकार मत करो बल्कि विरोधी की समुचित चिंतन में सहायता करो। उसके सद्विचार में सहकार करो। शुद्ध विचार करने, सोचने समझने, व्यक्तिगत जीवन में उसका अमल करने और दूसरों को समझाने में ही हमारे लक्ष्य की पूर्ति होनी चाहिए। सामनेवाले के सम्यक् चिंतन में मदद देना ही सत्याग्रह का सही स्वरूप है।' इसे ही विनोबा सत्याग्रह को सौम्यतर और सौम्यतम प्रक्रिया कहते हैं। सत्याग्रह प्रेम की प्रक्रिया है। उसे क्रम-क्रम, अधिकाधिक निखरते जाना चाहिए।

सत्याग्रह कुछ नया नहीं है, कौटुंबिक जीवन का राजनीतिक जीवन में प्रसार मात्र है। गांधी जी की देन यह है कि उन्होंने सत्याग्रह के विचार का राजनीतिक जीवन में सामूहिक प्रयोग किया। कहा जाता है। लोकतंत्र में, जहाँ सारा काम "लोक' की राय से, लोकप्रतिनिधियों के माध्यम से चल रहा है, सत्याग्रह के लिए कोई स्थान नहीं है।

*विनोबा कहते हैं-वास्तव में सामूहिक सत्याग्रह आवश्यकता तो उस तंत्र' में नहीं होगी, जिसमें निर्णय बहुमत से नहीं, सर्वसम्मति से होगा। परंतु उस दशा में भी व्यक्तिगत सत्याग्रह पड़ोसी के सम्यक् चिंतन में सहकार के लिए तो हो ही सकता है। परंतु लोकतंत्र में जब विचारस्वातंत्र्य और विचारप्रधान के लिए पूरा अवसर है, तो सत्याग्रह को किसी प्रकार के "दबाव, घेराव अथवा बंद,' का रूप नहीं ग्रहण करना चाहिए। ऐसा हुआ तो सत्याग्रह की सौम्यता नष्ट हो जाएगी। सत्याग्रही अपने धर्म से च्युत हो जाएगा।

आज दुनिया के विभिन्न कोनों में सत्याग्रह एवं अहिंसक प्रतिकार के प्रयोग निरंतर चल रहे हैं। द्वितीय महायुद्ध में हजारों युद्धविरोधी पैसेफिग्ट' सेना में भरती होने के बजाय जेलों में गए हैं। बट्रेंड रसेल जैसे दार्शनिक युद्धविरोधी सत्याग्रहों के कारण जेल के सीखचों के पीछे बंद हुए थे। अणुअस्त्रों के कारखाने आल्डर मास्टन से लंदन तक, प्रतिवर्ष 60 मील की पदयात्रा कर हजारों शांतिवादी अणुशस्त्रों के प्रति अपना विरोध प्रकट करते हैं।

नीग्रो नेता मार्टिन लूथर किंग के बलिदान की कहानी सत्याग्रह संग्राम की अमर गाथा बन गई है। इटली के डैनिलो डोलची के सत्याग्रह की कहानी किसको रोमंचित नहीं कर

जाती। ये सारे प्रयास भले ही सत्याग्रह की कसौटी पर खरे न उतरते हों, परंतु ये शांति और अहिंसा की दिशा में एक कदम अवश्य हैं।

सत्याग्रह का रूप अंतरराष्ट्रीय संघर्ष में कैसा होगा, इसके विषय में आचार्य विनोबा कहते हैं-मान लीजिए, आक्रमणकारी हमारे गाँव में घुस जाता है, तो मैं कहूँगा कि तुम प्रेम से आओ-उनसे मिलने हम जाएँगे, डरेंगे नहीं। परंतु वे कोई गलत काम कराना चाहते हैं तो हम उनसे कहेंगे, हम यह बात मान नहीं सकते हैं-चाहे तुम हमें समाप्त कर दो। सत्याग्रह के इस रूप का प्रयोग अभी अंतरराष्ट्रीय समस्याओं के समाधान के लिए नहीं हुआ है।

परंतु यदि अणुयुग की विभीषिका से मानव संस्कृति की रक्षा के लिए, हिंसा की शक्ति को अपदस्थ करके अहिंसा की शक्ति को प्रतिष्ठित होना है, तो सत्याग्रह के इस मार्ग के अतिरिक्त प्रतिकार का दूसरा मार्ग नहीं है। इस अणुयुग में शस्त्र का प्रतिकार शस्त्र से नहीं हो सकता। मगर आज का युग कहा से कहा पहुच गया है वो ये सब पर बिलकुल भी भरोषा नहीं कार्य है । अमेरिका में एस्सा कहा जाता है की "अगर तुम्हे कोई एक थप्पड़ मरे तो उससे सूली पे चढ़ा दो " भला ये भी कोई बात है ये तो सारा सर हिंशा को बढ़ावा है और "अगर कोई एक थप्पड़ मरे तो दूसरा गाल दे दो वे खुद सरमा जाये गा"

महात्मा गांधी जी : बहुत ही खास तरीके से बताया बेटा विवेक ने । सुधीर बेटा अब तुम बताओ . दांडी मार्च के बारे में पांच - सात मेन पोइंट ।

सुधीर चौधरी : महात्मा गांधी ने गुजरात के अहमदाबाद में साबरमती आश्रम से राज्य के तटीय क्षेत्र के दांडी गांव तक दांडी मार्च का नेतृत्व किया।

दांडी मार्च या दांडी सत्याग्रह नमक उत्पादन पर ब्रिटिश एकाधिकार के खिलाफ एक अहिंसक विरोध था जिसे 12 मार्च 1930 को महात्मा गांधी द्वारा शुरू किया गया था।

उन्होंने गुजरात के अहमदाबाद में साबरमती आश्रम से राज्य के तटीय क्षेत्र के दांडी गांव तक ऐतिहासिक दांडी मार्च का नेतृत्व किया। उसे दांडी पहुँचने में 24 दिन लगे।

गांधी जी ने 78 स्वयंसेवकों के साथ आंदोलन शुरू किया और बाद में उनके रास्ते में हजारों अन्य लोग शामिल हो गए। नमक कानूनों के खिलाफ सविनय अवज्ञा आंदोलन में इस आंदोलन ने महत्वपूर्ण भूमिका निभाई।

यहाँ वे बातें हैं जो आपको इस ऐतिहासिक आंदोलन के बारे में जानना चाहिए जिसने भारत में ब्रिटिश औपनिवेशिक शासन के खिलाफ हलचल मचा दी थी।

1. दांडी मार्च 12 मार्च को शुरू हुआ और 24 दिनों के बाद 6 अप्रैल, 1930 को समाप्त हुआ। यह गांधी जी के साबरमती आश्रम से दांडी तक 4 जिलों और 48 गांवों से होकर गुजरा।

2 ब्रिटिश शासन द्वारा शुरू किए गए नमक कानून का विरोध करने के लिए महात्मा गांधी द्वारा मार्च निकाला गया था। इस नमक कानून के तहत, भारतीयों को नमक बनाने या बेचने से प्रतिबंधित कर दिया गया था। अंग्रेजों ने न केवल नमक के निर्माण पर एकाधिकार का प्रयोग किया, बल्कि भारी नमक कर भी लगाया। हालाँकि, गांधी जी ने कई अन्य भारतीयों के बाद दांडी समुद्र तट पर नमक का उत्पादन करके कानून तोड़ा।

3. मार्च में हजारों लोग शामिल हुए और व्यापक मीडिया कवरेज के माध्यम से भारतीय स्वतंत्रता आंदोलन की ओर दुनिया का ध्यान आकर्षित किया।

4. गांधी जी को भी 4 मई 1930 की आधी रात को नमक के अवैध उत्पादन के आरोप में गिरफ्तार किया गया था।

5. नमक कर के खिलाफ आंदोलन लगभग एक साल तक जारी रहा और लगभग 60,000 भारतीयों को इसके लिए जेल में डाल दिया गया।

6. नमक सत्याग्रह के कारण ब्रिटिश कपड़ों और सामानों का बहिष्कार किया गया।

7. भारतीयों ने अन्य कानूनों के साथ-साथ भू-राजस्व, चौकीदार कर और अन्य का विरोध करना शुरू कर दिया।

8. 1920-22 के असहयोग आंदोलन के बाद से अंग्रेजों को चुनौती देने में मार्च ने सबसे महत्वपूर्ण भूमिका निभाई। यह सीधे 26 जनवरी, 1930 को भारतीय राष्ट्रीय कांग्रेस द्वारा पूर्ण स्वराज की घोषणा का अनुसरण करता है।

महात्मा गांधी जी : विवेक बेटा अब तुम बताओ । दलित आंदोलन क्यों हुआ था ?

विवेक कुमार पांडे : भारत में दलित आंदोलन

***भारत में दलित आंदोलन**

विभिन्न स्तरों पर हो रहा है जैसे कि ग्रामों व कस्बों, राज्य व अखिल भारतीय (राष्ट्रीय स्तर पर। यह उन क्षेत्रों में हो रहा है जहाँ दलित जन हलचल मचाने की स्थिति में हैं, क्योंकि देश के अनेक भागों में अब भी वे अपनी आवाज उठाने के काबिल नहीं हैं। इसी कारण, देश में दलित आंदोलन में कुछ प्रवृत्तियाँ उन्हीं क्षेत्रों से पहचानी जा सकती हैं जहाँ यह हो रहा है। भारत में दलित आंदोलन को दो कालों में बाँटा जा सकता है: स्वतंत्रतापूर्व काल और स्वतंत्रोत्तर काल ।

औपनिवेशिक काल में दलित आंदोलन स्वतंत्रतापूर्व काल में, भारत में दोनों स्तरों पर दलित आंदोलन हुए - राष्ट्रीय तथा प्रांतीय । राष्ट्रीय स्तर पर मोहनदास गाँधी व डॉ. भीमराव अम्बेडकर ने दलितों की समस्याओं को उठाया। लेकिन अम्बेडकर व गाँधीजी ने उन्हें सुलझाने के लिए भिन्न-भिन्न मार्ग अपनाए। गाँधीजी ने अस्पृश्यता को हिन्दूवाद का एक विकृत रूप पाया, और सुझाव दिया कि इसका समाधान हिन्दुओं के नैतिक सुधार द्वारा किया जा सकता है। उन्होंने "हरिजन" शब्द यही कहने के उद्देश्य से गढ़ा कि दलित अथवा अछूत भी उच्च जाति के लोगों जैसे ही "ईश्वर की प्रजा" हैं। दूसरी ओर, अम्बेडकर ने अस्पृश्यता का वास्तविक कारण हिन्दूवाद के स्वभाव में ही देखा और सुझाव रखा कि अस्पृश्यता अथवा जाति-भेद का एकमात्र समाधान हिन्दूवाद के उन्मूलन अथवा दलितों का अन्य किसी धर्म, अधिमानतः बुद्ध धर्म में परिवर्तित किए ही निहित है।

हिन्दूवाद के सिद्धांतों पर वास्तव में प्रश्न करने अथवा धर्मांतरण की वकालत करने से पूर्व अम्बेडकर ने अस्पृश्यता को हिन्दू क्षेत्र की तह से मिटा देने का प्रयास किया था। इस संबंध में उन्होंने मंदिर प्रवेश आंदोलन शुरू किया। सबसे महत्वपूर्ण घटना, जिसने हिन्दू

धर्म के विषय में अम्बेडकर का रुझान प्रबलतापूर्वक बदल दिया, थी महाराष्ट्र में 1927 का 'महाद सत्याग्रह' । इस घटना में अम्बेडकर ने उस चैदार जलाशय में प्रवेश करने के लिए बड़ी संख्या में दलितों का नेतृत्व किया, जो रूढ़िवादी हिन्दुओं द्वारा अछूतों के लिए प्रतिबंधित था। अम्बेडकर की चेष्टा का रूढ़िवादी हिन्दुओं द्वारा विरोध किया गया, जिन्होंने फिर इस हौज को कर्मकाण्डता से शुद्ध किया।

रूढ़िवादी हिन्दुओं की प्रतिक्रिया ने अम्बेडकर को 'मनुस्मृति' जलाने और 1935 में यह टिप्पणी करने को मजबूर कर दिया कि "मैं पैदा हिन्दू जरूर हुआ हूँ लेकिन मरूँगा हिन्दू नहीं।" उन्होंने महसूस किया कि मूल समस्या हिन्दूवाद में ही निहित है और दलितों को छुआछूत की धमकी से मुक्त कराने के लिए धर्मांतरण ही एक रामबाण है। अम्बेडकर का यह दृढ़ विभाजक 1956 में उनके द्वारा एक बड़ी संख्या में अपने समर्थकों के साथ बुद्ध धर्म अपना लेने में परिणत हुआ।

प्रांतीय स्तरों पर भी कई नेता थे जो दलितों की समस्याओं से संघर्ष में शामिल थे। भारत में विभिन्न भागों में एकल जातीय आंदोलन भी थे- दक्षिण में नाडारों, पुलयों, इजाहबों के आंदोलनय पश्चिम बंगाल में नामशूद्र आंदोलनय पंजाब व उत्तर प्रदेश के चमारों के बीच क्रमशः मंगूराम के नेतृत्व में 'आदि धर्म' आंदोलन तथा अछूतानंद के नेतृत्व में 'आदि हिन्दू' आंदोलन ।

त्रावनकोर में इजाहबों के बीच नारायण गुरु ने आंदोलन चलाया और केरल में पुलयों के बीच अय्याकली ने। ये आंदोलन कर्मकाण्ड में स्वयं-सुधार, उनकी शिक्षा की उन्नति, राज्य के तहत रोजगार में प्रवेश प्राप्त करने के प्रति वचनबद्ध थे। पुलयों के दलित आंदोलन ने अपना उद्गम आर्य-पूर्व काल में खोजा और अपना देश के मूल निवासियों के रूप में वर्णन किया - हिन्दू अथवा उच्च जातियाँ बाद में आयी थीं। मंगूराम ने अछूतों के धर्म को हिन्दू धर्म से पहले का खोजकर बताया।

उनके अनुसार अछूत ही भारत के मूल निवासी (आदि) थेय उनका अपना धर्म था- 'आदि धर्म' बाद के आगंतुकों द्वारा ' आदि धर्मियों को पुनर्जीवित स्थानों पर धकेल दिया गया। उन्होंने 'आदि धर्म' को पुनर्जीवित करने का प्रयास किया। तीसवें दशक के मध्य तक यह आंदोलन समाप्त गया। श्री नारायण गुरु (1857-1928) ने त्रावनकोर में हिन्दूवाद की एक समीक्षा विकसित की जिसका प्रभाव उनके अपने इजाहवा समुदाय से लेकर पुलयों, आदि से भी आगे तक पड़ा।

सुधीर चौधरी : आगे की कहानी में बताता हूं ।

उनका तत्वज्ञान था ष्मनुष्य के लिए एक जाति, एक धर्म तथा एक ईश्वर"। अय्याकली (1863-1941) के उद्गमन के साथ ही पुलय भी प्रभावी हो गए। हैदराबाद राजसी राज्य में, पी.आर. वैंकटस्वामी ने अछूतों को उद्यत करने का प्रयास किया। उनके आह्वान के मुख्य मुद्दे थे - स्वयं सुधार, शिक्षा व समानता। बीसवें व तीसवें दशक के दौरान दक्षिण व पश्चिम में हो रहे दलित आंदोलन ने भी मंदिरों में प्रवेश की अनुमति पर ध्यान केन्द्रित किया ।

प्रांतीय स्तर के दलित नेतृत्व ने उत्तर भारत के उन समाज सुधार आंदोलनों का भी प्रत्युत्तर दिया जो बीसवीं सदी के पूर्व-दशकों में हुए, जैसे आर्य समाज। लेकिन इन आंदोलनों के नेतृत्व को उच्च जातियों से संबद्ध, बहुत अधिक सरपरस्त व समानता के उनके द्योतन को बहुत संकीर्ण पाकर, उन्होंने इन आंदोलनों का संग छोड़ दिया। इसके बाद शुरू हुई उनकी स्वतंत्र कार्य प्रक्रिया। यह घटना उत्तर प्रदेश व पंजाब में हुई। इसी प्रकार, मद्रास में एम.सी. राजा ने पाया कि गैर-ब्राह्मण न्याय पार्टी अछूतों के हितों के प्रति विद्वेष रखती है।

इनसे कहीं दूर, मध्य प्रदेश (छत्तीस गढ़) के दलित, खासकर चमार, गुरु घासीदास के नेतृत्व की विरासत द्वारा प्रेरित 'सतनामी आंदोलन' से 18वीं शताब्दी से ही प्रभावित थे। सतनामियों ने सामाजिक व औपचारिक पुरोहिततंत्र के द्योतन पर एक ही साथ दो तरीकों से आपत्ति की हिन्दू देवी-देवताओं को नकार कर और मंदिर के भीतर 'पूजा' व 'पुराहित' को अस्वीकार करके यह 'भक्ति परंपरा' की दिशा में था।

अम्बेडकर के पदार्पण करने और उनका अछूतों के लिए अलग निर्वाचक वर्ग के मुद्दे पर गाँधीजी से विवाद होने के साथ ही, अम्बेडकर भारत में अछूतों के राष्ट्रीय स्तर की राजनीति में आ गए। तीसवें दशक से ही अम्बेडकर ने मंदिर प्रवेश मुद्दे को लेकर आंदोलन शुरू कर दिया था।

बीसवीं सदी के आरंभ के वर्षों में कांग्रेस व अम्बेडकर के बीच मतभेद का एक बड़ा क्षेत्र उस मुद्दे के विषय में था जिसे कांग्रेस के कार्यक्रमों में अन्यों से ऊपर रखा गया था। अम्बेडकर का मानना था कि कांग्रेस को सामाजिक मुद्दे राजनीतिक मुद्दों से ऊपर रखने चाहिए। उन्होंने महसूस किया कि राजनीतिक अधिकारों का उपयोग सामाजिक समानता लाए बगैर नहीं किया जा सकता है। कांग्रेस दूसरी और यह मानती थी कि एक बार लोगों को राजनीतिक अधिकार देकर ही सामाजिक समानता स्थापित की जा सकती है।

आने वाले काल में दलित राजनीति अम्बेडकर व गाँधीजी के बीच विवाद द्वारा ही निर्देशित हुई। वह अवसर जब अम्बेडकर और गाँधीजी के बीच मतभेद सामने आए, था - 1930-31 का गोलमेज सम्मेलन। तब तक मंदिर या हौज प्रवेश आंदोलन की व्यर्थता को समझकर, अम्बेडकर ने विभिन्न सार्वजनिक निकायों में एक पृथक् व अल्पसंख्यक समुदाय के रूप में दलितों को प्रतिनिधित्व दिए जाने की आवश्यकता पर ध्यान केन्द्रित किया।

लंदन में 1931 के द्विवतीय गोल-मेज सम्मेलन में निर्वाचक वर्गों के स्वभाव पर अपने मतभेदों के मद्देनजर अम्बेडकर राष्ट्रीय उत्कर्ष की खोज में लग गएय यह सम्मेलन सायमन आयोग की उस रिपोर्ट पर चर्चा के लिए आयोजित हुआ था जिसमें पद-दलित वर्गों के लिए संयुक्त निर्वाचक वर्ग तथा आरक्षण का सुझाव दिया गया था। अम्बेडकर इस सम्मेलन में आमंत्रित दो पद-दलित वर्गों के प्रतिनिधियों में से एक थे। अम्बेडकर ने पद-दलित वर्गों के लिए पृथक निर्वाचक-वर्ग की माँग की। अम्बेडकर की माँग को पद दलित वर्गों के एक अन्य प्रतिनिधि का समर्थन मिला मद्रास के एम. सी. राजा से।

लेकिन गाँधीजी ने पद-दलित वर्गों के लिए पृथक् निर्वाचक वर्ग हेतु अम्बेडकर के प्रस्ताव का विरोध किया। राजा ने पैंतरा बदला और संयुक्त निर्वाचक-वर्ग के समर्थन में हिन्द महासभा के प्रधान, मुन्ने के साथ एक समझौता कर लिया। राजा-मुजे करार ने अछूतों के नेतत्व को विभाजित कर दिया। अम्बेडकर की महाराष्ट्र से माहर नेताओं, पंजाब से 'आदि धर्म मंडलों और बंगाली 'नामशूद्रों' के अंगों में से एक द्वारा समर्थन दिया गया। राजा के समर्थकों में महाराष्ट्र से प्रमुख चैम्बर' नेता शामिल थे। गाँधीजी, दूसरी ओर, ब्रिटिशों के उस सम्प्रदाय पुरस्कार (कम्यूनल अवार्ड) के खिलाफ 20 सितम्बर, 1932 को आमरण अनशन पर बैठ गए, जो पृथक् निर्वाचक वर्ग की वकालत करता था। गाँधीजी के अनशन के चलते स्थिति को बिगड़ने से बचाने के लिए, अम्बेडकर नरम पड़ गए और गाँधीजी के साथ एक करार कर लिया जिसे 'पूना 'पेक्ट' के नाम से जाना जाता है।

इसके अनुसार, पृथक् निर्वाचक वर्ग हटा दिया गया और इसके बदले अछत जातियों के लिए विधायी निकायों में आरक्षण पुरस्थापित किया गया। पूना संधि की सिफारिशें भारत सरकार अधिनियम, 1935 में सम्मिलित कर ली गई। परिणामस्वरूप 1937 के चुनावों के दौरान विधानसभाओं में आरक्षण हुआ। अम्बेडकर की पार्टी स्वतंत्र श्रमिक पार्टी (आई.एल.पी.) ने इस चुनाव को लड़ा। आपने आई.एल. पी. को बाद में अनुसूचित जाति महासंघ (एस.सी.एफ.) में बदल दिया। तदोपरांत, राजा अम्बेडकर के समर्थक बन गए। उनकी मृत्यु के बाद, अम्बेडकर के समर्थकों ने भारतीय रिपब्लिकन पार्टी (आर.पी.आई.) बना ली। दूसरी ओर, कांग्रेस व गाँधी जी अछूतों के प्रति प्रोत्साहन प्रदान कर रहे थेय जगजीवन राम ऐसी ही सरपरस्ती से उभरे।

महात्मा गांधी जी : वाह क्या बात है बहुत ही संक्षेप में बताया सुधीर बेटा .। अगला सवाल बेटा विवेक तुम बताओ । खेड़ा सत्या ग्रह के बारे में कुछ जानकारी दो ।

विवेक कुमार पांडे : खेड़ा सत्याग्रह गुजरात के खेड़ा जिले में किसानों का अंग्रेज सरकार की कर-वसूली के विरुद्ध एक सत्याग्रह (आन्दोलन) इसे प्रथम असहयोग आंदोलन भी कहा जाता है।

सन् 1918 ई. में गुजरात जिले की पूरे साल की फसल मारी गई। किसानों की दृष्टि में फसल चौथाई भी नहीं हुई थी। स्थिति को देखते हुए लगान की माफी होनी चाहिए थी, पर सरकारी अधिकारी किसानों की इस बात को सुनने को तैयार न थे। किसानों की जब सारी प्रार्थनाएँ निष्फल हो गई तब महात्मा गांधी ने उन्हें सत्याग्रह करने की सलाह दी और लोगों से स्वयंसेवक और कार्यकर्ता बनने की अपील की।

गांधी जी की अपील पर वल्लभभाई पटेल अपनी खासी चलती हुई वकालत छोड़ कर सामने आए। यह उनके सार्वजनिक जीवन का श्रीगणेश था। उन्होंने गाँव-गाँव घूम-घूम कर किसानों से प्रतिज्ञा पत्र पर हस्ताक्षर कराया कि वे अपने को झूठा कहलाने और स्वाभिमान को नष्ट कर जबर्दस्ती बढ़ाया हुआ कर देने की अपेक्षा अपनी भूमि को जब्त कराने के लिये तैयार हैं।

निदान सरकार की ओर से कर की अदायगी के लिए किसानों के मवेशी तथा अन्य वस्तुएँ कुर्क की जाने लगीं। किसान अपनी प्रतिज्ञा पर दृढ़ रहे। उन्हें अधिक दृढ़ बनाने के लिए महात्मा गांधी ने किसानों से कहा कि जो खेत बेजा कुर्क कर लिए गए हैं उसकी फसल काट कर ले आएँ। गांधी जी के इस आदेश का पालन करने मोहनलाल पंड़्या आगे बढ़े और वे एक खेत से प्याज की फसल उखाड़ लाए। इस कार्य में कुछ अन्य किसानों ने भी उनकी सहायता की। वे सभी पकड़े गए, मुकदमा चला और उन्हें सजा हुई। इस प्रकार किसानों का यह सत्याग्रह चल निकला। यह सत्याग्रह गांधीजी का पहला आन्दोलन था।

सरकार को अपनी भूल का अनुभव हुआ पर उसे वह खुल कर स्वीकार नहीं करना चाहती थी अत: उसने बिना कोई सार्वजनिक घोषणा किए ही गरीब किसानों से लगान की वसूली बंद कर दी। सरकार ने यह कार्य बहुत देर से और बेमन से किया और यह प्रयत्न किया कि किसानों को यह अनुभव न होने पाए कि सरकार ने किसानों के सत्याग्रह से झुककर किसी प्रकार का कोई समझौता किया है। इससे किसानों को अधिक लाभ तो न हुआ पर उनकी नैतिक विजय अवश्य हुई।

महात्मा गांधी जी : मेरे ख्याल से मेरा सपनों का भारत कैसा होना चाहिए सुधीर बेटा ।

सुधीर चौधरी : आजादी एक जन्म के समान है. जब तक हम पूर्ण स्वतंत्र नहीं हैं तब तक हम दास हैं : महात्मा गांधी

आजादी के छह दशक बाद भी अकसर चर्चा में सुनने को मिल जाता है कि सामाजिक, आर्थिक और प्रशासनिक तौर पर भारत की स्थिति में कोई खास सुधार नहीं हुआ है. हमें पराधीनता से मुक्ति तो मिल गई है लेकिन खुद को सामाजिक और राजनैतिक जकड़न से मुक्त नहीं कर पाए हैं. ऐसे में उस महान विचारक का स्मरण होता है जिसने समृद्धि और उज्जवल भारत का सपना देखा था.

महात्मा गांधी 1ब्रिटिश शासन के खिलाफ भारतीय राष्ट्रीय आंदोलन के नेता तथा बीसवीं सदी के सबसे अधिक प्रभावशाली व्यक्ति महात्मा गांधी ने अपनी पुस्तक 'हिन्द स्वराज' में पाश्चात्य आधुनिकता का विरोध कर हमें यथार्थ को पहचानने का रास्ता दिखाया. ग्रामीण विकास को केन्द्र में रखकर उन्होंने वैकल्पिक टेक्नॉलोजी के साथ-साथ स्वदेशी और सर्वोदय के महत्व को बताया. उनके इस आदर्श प्रतिरूप का अनुसरण करके नैतिक, आर्थिक, आध्यात्मिक और शक्तिशाली भारत का निर्माण सार्थक बनाया जा सकता है.

आजादी से महात्मा गांधीका अर्थ केवल अंग्रेजी शासन से मुक्ति का नहीं था बल्कि वह गरीबी, निरक्षरता और अस्पृश्यता जैसी बुराइयों और कुरीतियों से मुक्ति का सपना देखते थे. वह चाहते थे कि देश के सारे नागरिक समान रूप से स्वाधीनता और समृद्धि के सुख भोगें. वह केवल राजनीतिक स्वतंत्रता ही नहीं चाहते थे, अपितु जनता की आर्थिक, सामाजिक और आत्मिक उन्नति भी चाहते थे. इसी भावना ने उन्हें 'ग्राम उद्योग संघ', 'तालीमी संघ' और 'गो रक्षा संघ' स्थापित करने के लिए प्रेरित किया.

गांधी जी ने समाज में व्याप्त शोषण की नीति को खत्म करने के लिए भूमि एवं पूंजी का समाजीकरण न करते हुए आर्थिक क्षेत्र में विकेंद्रीकरण को महत्व दिया. उनकी विचारों में लघु एवं कुटीर उद्योग से ही देश की सही उन्नति हो सकती है.

महात्मा गांधी के आंदोलन में महिलाओं ने बढ़-चढ़कर भाग लिया. वह देश के साथ-साथ महिलाओं की आजादी के भी समर्थक थे. इसलिए उन्होंने स्त्रियों की स्थिति सुधारने के लिए दहेज प्रथा उन्मूलन के लिए अथक प्रयत्न किया. वे बाल विवाह और पर्दा प्रथा के कटु आलोचक थे. वे विधवा पुनर्विवाह के समर्थक भी थे. सांप्रदायिक ताकतों से नफरत करने वाले गांधी ने हमेशा ही द्वेषधर्म की जगह प्रेमधर्म का ही पालन किया. उनका मानना था कि भारत अहिंसा का पालन करके स्वराज्य को जल्द ही प्राप्त कर सकता है.

महात्मा गांधी के बहुत-से क्रांतिकारी विचार, जिन्हें उस समय नकारा जाता था, आज न केवल स्वीकार किए जा रहे हैं बल्कि अपनाए भी जा रहे हैं. आज की पीढ़ी के सामने यह स्पष्ट हो रहा है कि गांधी के विचार आज भी उतने ही प्रासंगिक हैं, जितने उस समय थे. वर्तमान राजनीतिक तंत्र के लिए गांधीगीरी आज के समय का मंत्र बन गया है. यह सिद्ध करता है कि महात्मा गांधी के विचार इक्कीसवीं सदी के लिए भी सार्थक और उपयोगी हैं. यही है महात्मा गांधी जी के सपनों का भारत .।

महात्मा गांधी जी : सबसे बढ़िया सवाल । मुझे क्यों मार दिया गया ।

विवेक कुमार पांडे : महात्मा गांधी जी के हत्यारे नाथू राम गोडसे से जुड़े सभी सवाल, क्यों मारी गांधी को गोली?

भारतीय स्वतंत्रता संग्राम के इतिहास में कई पन्ने हैं जिन्हें खोलते हुए आज भी देशवासियों की पलकें भींग जाती हैं. ऐसा ही एक इतिहास है राष्ट्रपिता महात्मा गांधी की हत्या का. 30 जनवरी 1948 को प्रातः दिल्ली के बिड़ला हाउस स्थित प्रार्थना स्थल पर ही नाथूराम गोडसे ने लगातार तीन गोलियां दाग कर उस इंसान की जिंदगी छीन ली थी. आइए जानते हैं कौन था वो, आखिर क्या ऐसा कारण रहा कि उसने तात्कालिक समय के विश्व भर में सबसे लोकप्रिय नेता की हत्या की.

गोडसे का जन्म ब्रिटिश भारत के बॉम्बे प्रेसिडेंसी के पुणे जिले के अंतर्गत बारामती में हुआ था. 19 मई 1910 बारामती के विनायक वामनराव गोडसे और लक्ष्मी देवी के घर में जन्मे इस बालक का नाम रखा गया रामचन्द्र. यही बच्चा आगे चलकर इतिहास में नाथूराम गोडसे के नाम से जाना गया.

*औपचारिक शिक्षा

गोडसे की शिक्षा आठवीं कक्षा तक ही हो पाई. उसके बाद उन्होंने राजनीतिक गतिविधियों में रुचि लेना शुरू कर दिया था.

*राजनीतिक कैरियर

गांधी जी की हत्या करने वाले गोडसे राष्ट्रीय स्वयं सेवक संघ के सदस्य थे साथ ही वो हिन्दू महासभा से जुड़ गए.

*क्यूँ मारा गांधी को

नाथूराम गोडसे उग्र हिंदूवादी विचारधारा से प्रभावित था. गोडसे को लगता था कि गांधी जी मुस्लिमों को हिंदुओं की अपेक्षा ज्यादा तवज्जो देते हैं. इसके साथ ही वह भारत-पाकिस्तान के बंटवारे को लेकर भी गांधी जी को दोषी मानता था.

महात्मा गांधी जी : सुधीर बेटा अब दर्शकों को बताओ नाथु राम गोडसे कौन था ।

सुधीर चौधरी : नाथूराम विनायकराव गोडसे का जन्म एक मराठी चितपावन ब्राह्मण परिवार में हुआ था। उनके पिता, विनायक वामनराव गोडसे, एक डाक कर्मचारी थे; उनकी माँ लक्ष्मी (नव गोदावरी) थीं। जन्म के समय, उनका नाम रामचंद्र था।

एक दुर्भाग्यपूर्ण घटना के कारण नाथूराम को उनका नाम दिया गया था। जन्म से पहले, उनके माता-पिता के तीन बेटे और एक बेटी थी, तीनों लड़कों की बचपन से ही मृत्यु हो गई थी। पुरुष बच्चों को लक्षित करने वाले एक अभिशाप के डर से, युवा रामचंद्र को अपने जीवन के पहले कुछ वर्षों के लिए एक लड़की के रूप में पाला गया था, उनकी नाक छिदी हुई थी और नाक-अंगूठी (मराठी में नथ) पहनने के लिए बनाई गई थी। इसी कारण से उन्होंने "नाथूराम" (शाब्दिक रूप से "नाक-अंगूठी वाला राम") उपनाम अर्जित किया था। अपने छोटे भाई के पैदा होने के बाद, उन्होंने उसे एक लड़के के रूप में देखा।

गोडसे ने पांचवें स्तर के माध्यम से बारामती में स्थानीय स्कूल में भाग लिया, जिसके बाद उन्हें पुणे में एक चाची के साथ रहने के लिए भेजा गया ताकि वह एक अंग्रेजी भाषा के स्कूल में पढ़ सकें।

गोडसे 1932 में एक संघी (महाराष्ट्र) कार्यकर्ता के रूप में सांगली (महाराष्ट्र) में आरएसएस में शामिल हो गए, और एक साथ दोनों दक्षिणपंथी संगठनों के हिंदू महासभा के सदस्य बने रहे। उन्होंने अपने विचारों को प्रचारित करने के लिए अक्सर अखबारों में लेख लिखे। इस दौरान, गोडसे और एमएस गोलवलकर,(जो बाद में आरएसएस प्रमुख बने), अक्सर एक साथ काम करते थे, और उन्होंने बाबाराव सावरकर की पुस्तक "राष्ट्र मीमांसा" का अंग्रेजी में अनुवाद किया। जब गोलवलकर ने इस अनुवाद का पूरा श्रेय लिया, तब दोनों के बीच दरार आ गयी । गोडसे ने १९४२ के विजयादशमी के दिन अपना संगठन "हिंदू राष्ट्र दल" , हालांकि वे आरएसएस और हिंदू महासभा के सदस्य बने रहे।

1946 में, गोडसे ने भारत के विभाजन के मुद्दे पर आरएसएस छोड़ने और हिंदू महासभा में जाने का दावा किया। हालाँकि, ऐतिहासिक स्रोत इस दावे को पुष्ट नहीं करते हैं; कारवां द्वारा जनवरी 2020 में प्रकाशित एक जांच में पता चला है कि अपने अंतिम दिनों तक, गोडसे को आरएसएस के बैठकों के रिकॉर्ड में एक सदस्य के रूप में सूचीबद्ध किया गया था, जो संगठन छोड़ने के लंबे समय बाद हुई थी।

उनके परिवार ने यह भी कहा है कि उन्होंने कभी आरएसएस नहीं छोड़ा, इस बात पर प्रकाश डालते हुए कि उन्होंने आरएसएस के साथ-साथ हिंदू महासभा की सदस्यता भी ली। गोडसे के 1946 के दावे को गांधी की हत्या के बाद मराठी में उनके पहले बयान से भी खारिज

कर दिया गया है, जहां वह कहते हैं कि जब वह हिंदू महासभा में शामिल हुए, "मैं राष्ट्रीय स्वयंसेवक संघ में सक्रिय रहा।"

गांधी की हत्या पर लाखों भारतीयों ने शोक जताया; हिंदू महासभा को आलोचित किया गया और राष्ट्रीय स्वयंसेवक संघ पर अस्थायी रूप से प्रतिबंध लगा दिया गया।

आरएसएस ने गोडसे के साथ किसी भी तरह के संबंध से लगातार इनकार किया है। इसने कहा है कि गोडसे ने "1930 के दशक के मध्य में आरएसएस छोड़ दिया"। हालाँकि, नाथूराम गोडसे के भाई गोपाल गोडसे ने कहा कि सभी गोडसे भाई हत्या के समय आरएसएस के सदस्य थे और उन्होंने आरएसएस को गोडसे से पल्ला झाड़ने के लिए दोषी ठहराया। गोडसे के परिवार के अन्य सदस्यों ने भी इस बात से इनकार किया है कि उन्होंने कभी आरएसएस छोड़ा था। "वह मरते दम तक बौद्धिककार्यवाह बने रहे।"

महात्मा गांधी जी : ये बात भी तुमने बहुत अच्छी तरह से कहा .। अच्छा में मध्यकालीन भारत के बारे में कुछ कहना चाहता हूं ।

मध्यकालीन भारत

६०० से १२०० के बीच का समय क्षेत्रीय राज्यों में सांस्कृतिक उत्थान के युग के रूप में जाना जाता है। कन्नौज के राजा हर्ष ने ६०६ से ६४७ तक गंगा के मैदानी क्षेत्र में शासन किया तथा उसने दक्षिण में अपने राज्य का विस्तार करने का प्रयास किया किन्तु दक्कन के चालुक्यों ने उसे हरा दिया।

उसके उत्तराधिकारी ने पूर्व की और राज्य का विस्तार करना चाहा लेकिन बंगाल के पाल शासकों से उसे हारना पड़ा। जब चालुक्यों ने दक्षिण की और विस्तार करने का प्रयास किया तो पल्लवों ने उन्हें पराजित कर दिया, जिनका सुदूर दक्षिण में पांड्यों तथा चोलों द्वारा उनका विरोध किया जा रहा था।

इस काल में कोई भी शासक एक साम्राज्य बनाने में सक्षम नहीं था और लगातार मूल भूमि की तुलना में दुसरे क्षेत्र की ओर आगे बढ़ने का क्रम जारी था। इस अवधि में नये शासन के कारण जाति में बांटे गए सामान्य कृषकों के लिए कृषि करना और सहज हो गया। जाति व्यवस्था के परिणामस्वरूप स्थानीय मतभेद होने लगे।

6 और 7 वीं शताब्दी में, पहली भक्ति भजन तमिल भाषा में बनाया गया था। पूरे भारत में उनकी नकल की गई और हिंदू धर्म के पुनरुत्थान और इसने उपमहाद्वीप की सभी आधुनिक भाषाओं के विकास का नेतृत्व किया। राजघरानो ने लोगों को राजधानी की आकर्षित किया। शहरीकरण के साथ शहरों में बड़े स्तर पर मंदिरों का निर्माण किया। दक्षिण भारत की राजनीतिक और सांस्कृतिक व्यवस्था का प्रभाव दक्षिण एशिया के देशों म्यांमार, थाईलैंड, लाओस, कंबोडिया, वियतनाम, फिलीपींस, मलेशिया और जावा में देखा जा सकता है।

१० वीं शताब्दी के बाद घुमन्तु मुस्लिम वंशों ने जातियता तथा धर्म द्वारा संघठित तेज घोड़ों से युक्त बड़ी सेना के द्वारा उतर-पश्चिमी मैदानों पर बार बार आकर्मण किया, अंततः

१२०६ इस्लामीक दिल्ली सल्तनत की स्थापना हुई। उन्हें उत्तर भारत को अधिक नियंत्रित करना था तथा दक्षिण भारत पर आक्रमण करना था।

भारतीय कुलीन वर्ग के विघटनकारी सल्तनत ने बड़े पैमाने पर गैर-मुस्लिमों को स्वयं के रीतिरिवाजों पर छोड़ दिया। 13 वीं शताब्दी में मंगोलों द्वारा किये के विनाशकारी आक्रमण से भारत की रक्षा की। सल्तनत के पतन के कारण स्वशासित विजयनगर साम्राज्य का मार्ग प्रशस्त हुआ। एक मजबूत शैव परंपरा और सल्तनत की सैन्य तकनीक पर निर्माण करते हुए साम्राज्य ने भारत के विशाल भाग पर शासन किया और इसके बाद लंबे समय तक दक्षिण भारतीय समाज को प्रभावित किया।

आपको क्या लगता है आपके जो मौजूदा प्रधानमंत्री हैं नरेंद्र मोदी । उन्होंने भारत के लिए क्या क्या किया । मुझे बताओ मैं जानता हूं क्या किया है सभ कुछ उपर से देखता हूं ।

विवेक कुमार पांडे : मुझे नहीं लगता है । नहीं प्रधानमंत्री ने कुछ किया हम सभी के लिए ।। कुछ भी नहीं कर रही है सरकार हम कमात हैं उसका टैक्स लैती । अनाज का भी पैसा लेते हैं जिसके पास राशनकार्ड है । पानी का बिल लेते हैं । घर में बिजली देते हैं मगर उसका भी पैसा लेते हैं । हगने का भी पैसा लेते हैं । क्या कर रही है सरकार हमारे लिए सभ कुछ तो हम अपने आप ही कर रहे हैं । मुझे बहुत गुस्सा आता है जब कोई भी कहता है सरकार ने वो किया ये किया । कभी मेरे सामने आना फिर बताऊंगा ।

सुधीर चौधरी : गरीब ओर गरीब हो रहा है और अमीर ओर अमीर हो रहा है.। सरकार कुछ भी नहीं कर रही है हमारे लिए विवेक जी ने सही कहा है । पैसा हमारा मेहनत हमारा नाम किसी ओर का वो हमें नहीं चाहिए ।

महात्मा गांधी जी : बेटा तुम दोनों के बातों में दम है लेकिन मुझे तुम्हें कुछ बताना है .। बेटा तुम दोनों मुझे 10 स्वतंत्र सैनानियों के बारे में बताओ जिनका भारत को आजाद करने में बहुत महत्वपूर्ण योगदान था .।

विवेक कुमार पांडे : 1.अहिंसा के रास्ते पर चलकर अंग्रेजों को झुकने पर मजबूर करने वालों में महात्मा गांधी का नाम सबसे पहले आता है। उन्होंने सत्याग्रह आंदोलन करके भारत को आजादी दिलाने में महत्वपूर्ण भूमिका निभाई थी। ब्रिटिशर्स की ओर से नमक पर टैक्स लगाए जाने के विरोध में गांधी जी की ओर से शुरू किया गया दांडी मार्च बहुत सफल हुआ था। इसके अलावा उन्होंने समाज की कुरीतियों को खत्म करने की भी कोशिश की थी।

2.भारत की आजादी में वीरांगना रानी लक्ष्मीबाई ने भी अहम भूमिका निभाई थी। उन्होंने अपने राज्य झांसी को अंग्रेजों के चंगुल से बचाने के लिए जंग छेड़ी थी। साल 1858 में हुए दो हफ्तों के इस युद्ध में लक्ष्मीबाई ने ब्रिटिशर्स को घुटने टेकने पर मजबूर कर दिया था। हालांकि बाद में अंग्रेजों से लड़ते हुए वो वीरगति को प्राप्त हुई।

3.अपने जज्बे और जोश से अंग्रेजों को घुटने टेकने पर मजबूर करने में क्रांतिकारी भगत सिंह ने भी बड़ी भूमिका निभाई थी। उन्होंने अपने चाचा के साथ आजादी की लड़ाई में कदम रखा था। बाद में उन्होंने धरती मां को गुलामी से मुक्त कराने का बीड़ा अपने कंधों पर उठा

लिया था। उन्होंने सन् 1921 में असहयोग आंदोलन में अहम भूमिका निभाई थी।

4.स्वतंत्रता सेनानियों में एक महत्वपूर्ण नाम मंगल पांडे का भी है। वे ईस्ट इंडिया कंपनी में सैनिक थे। उन्होंने अंग्रेजों के खिलाफ साल 1857 में लड़ाई लड़ी थी। उन्होंनो ब्रिटिशर्स की ओर से बनाए जाने वाले कारतूसों को बदले जाने की मांग की थी। क्योंकि इसमें गाय की चर्बी का इस्तेमाल होता था और इसे खींचने के लिए मुंह लगाना पड़ता था। इससे हिंदू धर्म भ्रष्ट हो रहा था।

5.आजादी की लड़ाई को आगे बढ़ाने में नेताजी सुभाष चंद्र बोस का भी बड़ा हाथ था। उन्होंने भारतीय कांग्रेस ज्वाइन करके अवज्ञा आंदोलन में अपनी हिस्सेदारी निभाई थी। नेताजी ने जर्मनी में जाकर इंडियन नेशनल आर्मी का गठन किया था।

सुधीर चौधरी : विवेक जी अब आधा में बतता हुं ।

6.स्वतंत्रता सेनानियों में लाला लाजपत राय का भी नाम शान से लिया जाता है। उन्होंने जलियावाला हत्याकांड के विरोध में अंग्रेजों के खिलाफ आंदोलन छेड़ा था। इस संघर्ष में हुए लाठीचार्ज के दौरान वे बुरी तरह से घायल हो गए थे, जिससे उनकी मृत्यु हो गई।

7.स्वराज हमारा जन्म सिद्ध अधिकार है का नारा देने वाले आंदोलनकारी बालगंगाधर तिलक ने भी आजादी की लड़ाई में महत्वपूर्ण भूमिका निभाई थी। उन्होंने पूरे भारत में घूम-घूमकर अंग्रेजों के खिलाफ रणनीति तैयार की थी।

8.क्रांतिकारी अशफाकउल्ला खान को उनके तेज तर्रार अंदाज के लिए जाना जाता है। वे उग्र विचार धारा के थे। उन्होंने कांकोरी कांड में महत्वपूर्ण भूमिका निभाई थी। उन्होंने अपने साथियों के साथ मिलकर ट्रेन से अंग्रेजों का खजाना लूटा था।

9.सन् 1857 की लड़ाई में अहम भूमिका निभाने वाले बहादुर शाह जफर का नाम भी शान से याद किया जाता है। उन्होंने ईस्ट इंडिया कंपनी से लोहा लेने के लिए विशाल मोर्चा तैयार किया था।

10.क्रांतिकारी शिवराम राजगुरु का नाम भी आजादी की लड़ाई में शान से लिया जाता है। वे भगत सिंह के साथी थे। अंग्रेजों से मुकाबला करने के लिए वे नौजवानों को जोड़ने और रणनीति बनाने का काम करते थे।

महात्मा गांधी जी : मेरा अगला सवाल : न्यूयॉर्क में बापू की प्रतिमा से बदसलूकी क्यों कि गई .।

विवेक कुमार पांडे : अमेरिका के न्यूयॉर्क में महात्मा गांधी की कांस्य प्रतिमा के साथ शरारती तत्वों ने तोड़फोड़ कर दी। मैनहैटन इलाके में शनिवार को हुई घटना के बाद भारत के वाणिज्यिक दूतावास की तरफ से नाराजगी जाहिर की गई है। वहीं, भारतीय-अमेरिकी समुदाय ने भी घटना पर चिंता जताई।

न्यूयॉर्क में भारत के वाणिज्य दूतावास के मुताबिक, शनिवार तड़के कुछ अज्ञात लोगों ने प्रतिमा के साथ तोड़फोड़ की। बयान में कहा गया कि वाणिज्य दूतावास प्रतिमा के साथ तोड़फोड़ की इस घटना की कड़े शब्दों में निंदा करता है। फिलहाल इस मामले को स्थानीय

अधिकारियों और अमेरिकी विदेश विभाग के सामने तत्काल जांच के लिए उठाया गया है। अफसरों से इसके जिम्मेदार लोगों के खिलाफ कार्रवाई करने की अपील की गई है।

2 अक्टूबर 1986 को स्थापित की गई थी ।

8 फुट ऊंची यह प्रतिमा गांधी मेमोरियल इंटरनेशनल फाउंडेशन ने दान दी थी। गांधी जी की 117वीं जयंती के अवसर पर 2 अक्टूबर 1986 को इसे स्थापित किया गया था। इस प्रतिमा को 2001 में हटा गया और 2002 में संरक्षित कर दोबारा स्थापित किया गया था।

***पहले भी हो चुकी है ऐसी घटना**

अमेरिका में बापू की प्रतिमा के साथ पहले भी तोड़-फोड़ की ऐसी घटनाएं हो चुकी हैं। 26 जनवरी को खालिस्तान समर्थकों ने वॉशिंगटन डीसी में गांधी प्रतिमा को अपवित्र करने का प्रयास किया था। खालिस्तानियों ने महात्मा गांधी की मूर्ति पर अपना झंडा लगा दिया था। जनवरी 2021 में कैलिफोर्निया के सेंट्रल पार्क में बापू की 6 फुट ऊंची प्रतिमा को नुकसान पहुंचाया गया।

इससे पहले दिसंबर 2020 में वॉशिंगटन में भारतीय दूतावास के सामने मौजूद बापू की प्रतिमा को नुकसान पहुंचाया गया। ये काम भी खालिस्तान समर्थकों ने किया था। इससे पहले जून 2020 में भी दूतावास के बाहर गांधी की प्रतिमा को स्प्रे पेंटिंग से नुकसान पहुंचाया

महात्मा गांधी जी : सवाल : क्यों दक्षिण अफ्रीका में गांधी को ट्रेन से दोबारा फेंका जाने वाला था ।

सुधीर चौधरी : वकालत करने के लिए 1893 में दक्षिण अफ्रीका पहुंचे गांधी को करीब एक हफ्ते के बाद ही अपने क्लाइंट अब्दुल्ला शेठ के एक मामले के सिलसिले में डर्बन से प्रिटोरिया की यात्रा करना थी. फर्स्ट क्लास का टिकट लेकर वह यात्रा कर रहे थे. ट्रेन रात करीब 9 बजे नटाल की राजधानी मैरिट्ज़बर्ग पहुंची और वहां एक गोरे आदमी ने गांधी को सिर से पैर तक घूरा. इसके बाद वह आदमी कुछ अफसरों को लेकर पहुंचा.

गांधी से रेलवे अफसरों ने वैन कंपार्टमेंट यानी थर्ड क्लास में जाने को कहा. लेकिन, गांधी ने वैध टिकट होने की बात कही. इस पर भी अफसर नहीं माना तो गांधी ने कहा कि वह खुद डिब्बा नहीं छोड़ेंगे. इस पर अफसरों ने एक गार्ड को बुलवाकर गांधी को फर्स्ट क्लास से बाहर फिंकवाया और उनका सामान भी ज़ब्त कर लिया था. अस्ल में गांधी ने पहली बार सविनय अवज्ञा का ऐसे इस्तेमाल किया था, जो बाद सत्याग्रह के नाम से भी मशहूर हुआ.

टर्निंग पॉइंट और गांधी के विचारों का उदय

गांधी ने अपनी आत्मकथा 'सत्य के साथ मेरे प्रयोग' में इस घटना को विस्तार से लिखते हुए बताया है कि किस तरह उन्होंने रात भर मैरिट्ज़बर्ग के स्टेशन पर ठिठुरते हुए हिम्मत बटोरी और भारत लौटने की कायरता के बजाय अफ्रीका में रहकर रंगभेद के खिलाफ लड़ने का मन बनाया. अस्ल में, यही एक घटना गांधी के सत्याग्रह, अहिंसा और अन्याय के खिलाफ लड़ने की मुहिम छेड़ने जैसे विचारों का बीज साबित हुई. बहरहाल, ये कहानियां आपने सुनी हैं इसलिए वो कहानी सुनिए जो नहीं सुनी या आप भूल चुके हों।

'मैं आपकी भावनाओं की कद्र करता हूं'

गांधी को नटाल के हादसे के बाद और भी जद्दोजहद करना पड़ी क्योंकि उन्हें प्रिटोरिया पहुंचना था. किसी तरह कुछ सहयोगियों की मदद से अब वह ट्रांसवाल में थे और 37 मील दूर प्रिटोरिया पहुंचने के लिए उन्हें फिर एक ट्रेन पकड़ना थी. गांधी फर्स्ट क्लास में यात्रा करने की ज़िद पर अड़े और उन्होंने स्टेशन मास्टर के पास एक लिखित दरख़्वास्त भेजकर फर्स्ट क्लास का टिकट जारी करने को कहा.

गांधी को देखकर स्टेशन मास्टर ने कहा था 'मैं ट्रांसवाल का नहीं हूं.. आपकी भावनाओं की कद्र करता हूं और हमदर्दी जताता हूं लेकिन एक शर्त पर फर्स्ट क्लास का टिकट दूंगा कि अगर यात्रा के समय गार्ड आपको थर्ड क्लास में शिफ्ट होने को कहे तो आप मेरा नाम उस बखेड़े में नहीं उछालेंगे और न ही रेलवे कंपनी को दोष देंगे.' इस तरह गांधी फर्स्ट क्लास में फिर सफर कर रहे थे.

इस बार भी गार्ड ने की बदसलूकी और फिर...

जर्मिस्टन तक पहुंचने के बाद ट्रेन में टिकट चेक करने के लिए गार्ड गांधी के पास पहुंचा और उसकी आंखों में गुस्सा झलक रहा था कि गांधी फर्स्ट क्लास में थे. गांधी ने उसे अपना फर्स्ट क्लास का टिकट दिखाया तो इस बार भी गार्ड ने यही कहा 'इससे कोई फर्क नहीं पड़ता' और थर्ड क्लास में जाने की बात कहकर नाराज़गी जताई. इत्तेफाक़ से फर्स्ट क्लास के पूरे कंपार्टमेंट में गांधी के अलावा सिर्फ एक गोरा यात्री और सफर कर रहा था.

'आप क्यों इन्हें परेशान करते हैं. इनके पास टिकट है तो सही. मुझे इनके साथ सफर करने में कोई तकलीफ नहीं है.' गार्ड से यह कहने के बाद इस व्यक्ति ने गांधी से कहा 'आप जहां हैं, वहां आराम से बैठकर सफर कीजिए.' '..अगर आपको कुली के साथ सफर करने में दिक्कत नहीं तो मुझे क्या!' यह कहकर गार्ड चला गया और इस बार फर्स्ट क्लास में गांधी प्रिटोरिया पहुंचे.

महात्मा गांधी जी : मेरा अगला सवाल : महात्मा गांधी के जीवन से जुड़ी इनमें से कौनसी महत्वपूर्ण घटना पहले घटी थी?

सुधीर चौधरी : सरदार पटेल के नेतृत्व में बारदोली सत्याग्रह । कलकत्ता कांग्रेस अधिवेषन में भाग लिया-पूर्ण स्वराज का आह्वान। लाहौर कांग्रेस अधिवेषन में 26 जनवरी को स्वतंत्रता दिवस घोषित किया गया - 'पूर्ण स्वराज' के लिये राष्ट्रव्यापी सत्याग्रह आन्दोलन आरम्भ। ऐतिहासिक नमक सत्याग्रह - साबरमती से दांडी तक की यात्रा का नेतृत्व।

राजनीति सफर

महात्मा गांधी जी : सवाल : महात्मा गांधी को 'राजनीति में बच्चा' कहने वाली ब्रितानी महिला कौन थीं?

विवेक कुमार पांडे : भारत के स्वतंत्रता आंदोलन में पुरुषों के साथ-साथ कई महिलाओं ने बढ़-चढ़कर हिस्सा लिया था. इन तमाम महिलाओं में तीन ऐसी ब्रितानी महिलाएं भी शामिल हैं, जिन्होंने अपने मुल्क की सरकार के ख़िलाफ जाकर भारत की आज़ादी के लिए संघर्ष किया.

इन तीन महिलाओं में सबसे पहला नाम एनी बेसेंट का आता है जो अपने आप में एक नास्तिक और समाजवादी महिला थीं. लेकिन बाद में वह थियोसोफिस्ट हो गईं.

इसके बाद मैडलिन स्लेड (मीरा बेन) और कैथरीन हेलमैन (सरला बेन) का नाम आता है जो अंग्रेज़ों के ख़िलाफ़ आंदोलन में शामिल हुईं.

प्रसिद्ध इतिहासकार रामचंद्र गुहा ने अपनी किताब 'रेबल्स अगेंस्ट राज' में इन तीनों महिलाओं के बारे में विस्तार से लिखा है.

एनी बेसेंट एक छोटी सी ट्रिप पर भारत घूमने आई थीं. लेकिन उन्हें इस बात का अंदाज़ा नहीं था कि उनकी ये छोटी सी यात्रा 40 वर्षों में बदल जाएगी.

अब मैं एनी बेसेंट के बारे में बताने वाला हूं ।

*कौन थीं एनी बेसेंट

आयरिश मूल की महिला एनी बेसेंट मेडम ब्लावात्स्की के संपर्क में आकर थियोसोफिज़्म की ओर गईं. उन्होंने बेहद ध्यान से हिंदू और बुद्ध साहित्य को पढ़ा.

धर्म और शाकाहार पर उन्होंने ऐसे व्याख्यान दिए जिनकी वजह से लंदन यूनिवर्सिटी ने उन्हें डिग्री देने से मना कर दिया. इसी घटना ने भारतीय शिक्षा क्षेत्र में उनका प्रवेश कराया.

एनी बेसेंट ने साल 1904 में कश्मीर और बनारस के राजा की मदद से बनारस में सेंट्रल हिंदू कॉलेज और आवासीय हिंदू महिला स्कूल की स्थापना की.

आंध्र प्रदेश में सेंटर फॉर गांधियन स्टडीज़ के अध्यक्ष एवं नागार्जुन यूनिवर्सिटी के पूर्व उप-कुलपति बालमोहन दास कहते हैं कि उस दौर के सामाजिक एवं आर्थिक हालात के लिहाज से ये एक क्रांतिकारी क़दम था.

एनी बेसेंट ने आधुनिक शिक्षा को पारंपरिक भारतीय पद्धतियों से मिलाने पर ज़ोर दिया. वह लैंगिक समानता की पक्षधर थीं लेकिन उन्होंने इस बात पर ज़ोर दिया कि पुरुषों का दर्जा महिलाओं से ऊंचा हो.

*महात्मा गांधी के प्रति द्वेष भरा भाव

इतिहासकार रामचंद्र गुहा कहते हैं कि वह महात्मा गांधी के प्रति द्वेष जैसा भाव रखती थीं लेकिन महात्मा गांधी ने हमेशा उन्हें श्रद्धा की नज़र से देखा.

दोनों के बीच इस ख़ास संबंध की झलक बनारस हिंदू यूनिवर्सिटी में हुए एक कार्यक्रम में मिलती है जहां एनी बेसेंट ने एक सार्वजनिक कार्यक्रम के दौरान महात्मा गांधी को भाषण देते हुए रोक दिया था.

गांधी ने अपने भाषण के दौरान यूनिवर्सिटी के संरक्षकों को आड़े हाथों लेते हुए कहा, "क्या इस कार्यक्रम के मौके पर इस तरह सज-धजकर आने की ज़रूरत थी? क्या हमारे राजा-

सम्राट के प्रति सच्ची निष्ठा दिखाने के लिए आभूषणों के डिब्बे खाली करके सिर से लेकर पांव तक सजने-धजने की ज़रूरत थी? हमारे यहां स्वराज नहीं हो सकता?"

बेसेंट ब्रितानी हुकूमत की नाराज़गी मोल नहीं लेना चाहती थीं. उन्होंने महात्मा गांधी को उनके भाषण के बीच में ही रोक दिया. हालांकि, छात्रों ने महात्मा गांधी से अपना भाषण जारी रखने को कहा.

इसके बाद दरभंगा के राजा ने हस्तक्षेप करते हुए गांधी को तत्काल कार्यक्रम छोड़कर जाने को कहा.

और ये भी नहीं

***दिन में 3-4 बार लिखा करती थीं पत्र**

महात्मा गांधी जब यात्रा के सिलसिले में बाहर हुआ करते थे तो मीरा बेन को उनकी कमी बहुत खला करती थी. वह दिन में लगभग 3-4 बार महात्मा गांधी को पत्र लिखा करती थीं. वह गांधी की किताबों की प्रूफ़ रीडिंग किया करती थीं.

उन्होंने साड़ी पहनना शुरू करने के साथ ही ब्रह्मचर्य का पालन करने की कसम खाई और अपना सिर मुंडवा लिया.

लेकिन जब वह अपने चालीसवें वर्ष में पहुंची तो आश्रम आने वाले एक क्रांतिकारी पृथ्वी सिंह के प्रति आकर्षित हो गयीं.

गांधी जी ने मीरा बेन से कहा कि अगर वह चाहें तो पृथ्वी सिंह से विवाह कर लें. लेकिन वह इसके लिए तैयार नहीं हुईं.

महात्मा गांधी की सेहत का ध्यान रखते हुए मीरा बेन उन्हें फल और बकरी का दूध देने के साथ-साथ उनका बीपी चेक किया करती थीं. इसके साथ ही वह उनके चरखे का भी ध्यान रखती थीं.

बालमोहन दास कहते हैं, "वह एक पल के लिए भी बापू को अकेला नहीं छोड़ती थीं और उन पर हक़ जताया करती थीं. दोनों के बीच एक तरह का निष्काम संबंध था."

गांधी ने मीराबेन का अपने प्रति हक़पूर्ण व्यवहार देखते हुए उन्हें खादी के प्रचार-प्रसार के लिए पूरे देश की यात्रा करने के लिए भेज दिया. सविनय अवज्ञा आंदोलन के दौरान वह जेल भी गयीं.

मीरा बेन ने न्यूयॉर्क टाइम्स को दिए एक इंटरव्यू में कहा था कि गांधी के तर्क विचारधारा पर नहीं बल्कि तर्क पर आधारित हैं. उन्होंने कहा था, "वह कोई महात्मा नहीं थे."

उनके और गांधी के बीच विवाहित जोड़ों के बीच ब्रह्मचर्य के पालन को लेकर भी काफ़ी चर्चाएं हुईं.

गांधी के सबसे विवादित विचारों में से एक विचार ये था कि आश्रम में रहते हुए विवाहित जोड़े भी ब्रह्मचर्य का पालन करें हालांकि बच्चे पैदा करने की इजाज़त थी. महात्मा गांधी सालों से इसका पालन कर रहे थे.

विवेक कुमार पांडे : इससे ही जुड़ा एक और इतिहास बताना चाहता हूं ।

***सरला बेन यानी कैथरीन मैरी हैलमैन**

सरला बेन ने एक बार कहा था कि "मानवता के लिए कोई रंग, नस्ल और राजनीति नहीं है. अगर सरकार सही उद्देश्यों के लिए संघर्ष करने वालों को सज़ा देना चाहती है तो मुझे कुछ नहीं कहना है. वो लोग जो कठिन दौर में विरोध प्रदर्शन करते हैं, उन्हें इसके परिणाम भुगतने के लिए भी तैयार रहना चाहिए. जब मेरे आसपास लोग बीमारी और ग़रीबी से जूझ रहे हैं तो मैं आश्रम में नहीं बैठ सकती. मैं ब्रितानी सरकार को सुनने की बजाए अपनी अंतरआत्मा को सुनूंगी."

ये बयान एक ब्रितानी महिला ने हुकूमत को दिया था जब वह ब्रितानी शासन के ख़िलाफ़ लड़ने वाले लोगों की सहायता कर रही थीं.

ये कैथरीन मैरी हैलमैन थीं जो कि सरला बेन के नाम से जानी गयीं. कैथरीन का जन्म 1901 में लंदन में हुआ था, उन्होंने इतिहास, भूगोल, फ्रेंच और जर्मन भाषा की पढ़ाई की थी.

सरला बेन ने गांधी के बारे में ब्रिटेन में काम करने वाले एक भारतीय अधिकारी मोहन सिंह मेहता से सुना था जिसके बाद वह भारत आ गईं. उन्होंने भी भारत को अपना घर बनाया और गांधी और उनकी नीतियों को समझा.

देश के अलग-अलग इलाकों की यात्रा करने के बाद वह वर्धा आश्रम पहुंचीं. और उनकी मुलाक़ात विनोबा भावे से हुई.

उन्होंने हिंदी भाषा सीखी और साल 1941 में चनौदा आश्रम पहुंचीं. खादी बुनना सीखने के साथ ही उन्होंने पहाड़ों में रहने का फ़ैसला किया.

गांधी ने साल 1942 में भारत छोड़ो आंदोलन छेड़ा था. इस दौर में ब्रितानी सरकार कांग्रेस से जुड़े हर शख़्स को गिरफ़्तार कर रही थी.

सरला बेन स्वतंत्रता आंदोलन में लगे लोगों की मदद किया करती थीं. वह खाने के साथ-साथ दवाइयां एवं संदेश पहुंचाने और कानूनी सलाह देने का काम किया करती थीं.

हालांकि, उनके ब्रितानी महिला होने की वजह से ब्रितानी सरकार ने उन्हें गिरफ़्तार नहीं किया. लेकिन सरकार ने उन पर निगाह बनाए रखी. और सरकार के आदेश न मानने की वजह से उन्हें भी जेल भेजा गया.

वेणुगोपाल कहते हैं कि उन्होंने अपनी पूरी ऊर्जा ग्रामीण महिलाओं के कल्याण और पर्यावरण की रक्षा में लगा दी. उन्होंने लैंगिक भेदभाव मिटाने एवं भावे के भूदान आंदोलन में भी हिस्सा लिया.

वेणुगोपाल कहते हैं, "सरला बेन ने सुंदरलाल बहुगुणा, विमला बहुगुणा और राधा भट्ट जैसे लोगों की मदद करके उन्हें सामाजिक कार्यकर्ता बनाया."

वह कहते हैं, "जब ये दुनिया पर्यावरण को लेकर जाग्रत नहीं थी तब गांधी और कुमारप्पा ने इसका प्रस्ताव रखा और सरला एवं मीना बेन ने अपने जीवन में इन आदर्शों का पालन करके दुनिया को दिखा दिया."

सरला बेन की मौत 6 जुलाई, 1982 को हुई.

लेखक पी कोंडाला राव अपनी किताब फॉरेन फ्रैंड्स ऑफ़ इंडियाज़ फ्रीडम में लिखते हैं, "भारतीयों पर अपने देश की आज़ादी के लिए संघर्ष करने का दायित्व था. लेकिन अमेरिकी और ब्रितानी लोगों को देश की आज़ादी के लिए काम करने की ज़रूरत नहीं थी. लेकिन ऐसे कई विदेशी लोग थे जिन्होंने भारत के लिए काम किया और भारतीय लोगों को उनके प्रति शुक्रगुज़ार होना चाहिए."

महात्मा गांधी जी : सवाल : महात्मा गांधी का राजनीतिक सफर के बारे में कुछ बताओ सभी दर्शकों को .।

सुधीर चौधरी : इसे में विस्तार से बताऊंगा सभी दर्शकों को ।

राष्ट्रवादी माहौल में गांधी ने 1909 में पूछी थी | उनका सवाल था : क्या आधुनिक राष्ट्रवाद के नाम पर होने वाली राजनीति में दया-धर्म जैसे एहसास के लिए कोई स्थान है ?

यकीनन यह गांधी का सवाल है; मेरा मानना है कि उनके लेखन में और उनके अमल में इस सवाल के अनेक बेहतरीन जवाब मिल सकते हैं | लेकिन यह सवाल इतनी सीधी तरह से हमारा सवाल नहीं बन सकता | अपनी पुस्तक 'हिंद स्वराज' में जिस बातचीत के जरिये गांधी इस सवाल तक पहुंचते हैं वैसी बातचीत न तो हम करते हैं और शायद करना भी नहीं चाहते हैं | तब बिस्मिल्लाह किस काम की ?

मैं अपने ऐसे दो जाती तजुर्बे ब्यान करना चाहता हूं, जो शायद मेरे बिस्मिल्लाह पढ़ने के अमल को प्रासंगिक बना दें | मैं पुरानी दिल्ली का रहने वाला हूं और राजघाट से मेरा एक स्वाभाविक रिश्ता रहा है | बचपन की एक घटना है, शायद सातवीं या आठवीं क्लास की | ईद के अगले दिन अपने नए जूते पहन कर मैं स्कूल पहुंचा | नए जूते, ईद की खुमारी और क्रिकेट खेलने की लगन में बदहवास हम कुछ बच्चे राजघाट के सामने वाले पार्क में खेलने जा पहुंचे | खेल के बाद ठंडा पानी पीने की जरूरत हमें राजघाट के इलेक्ट्रिक पियाऊ तक ले गई |

पानी पिया और सोचा कि चलो थोड़ा सुस्ता लिया जाए | हमने समाधि के चारों तरफ बने गलियारों में बैठने का फैसला किया | पर समस्या नए जूतों की थी ! समाधि के बाहर जूते रखना यानी उनके चोरी होने का खतरा | वैसे भी 1980 में राजघाट सिर्फ 2 अक्टूबर को ही जिंदा होता था | यह बात दूसरी है कि 1985 के बाद समाधियों की सुरक्षा राष्ट्रीय सुरक्षा का प्रश्न बन गई !

बहरहाल, हम जूते अंदर ले गए और एक गलियारे में जाकर बैठ गए | 10 मिनट भी न बीते थे कि तीन-चार चौकीदारों ने हमें आ दबोचा | उन्होंने पहले तो हमें दो-तीन थप्पड़ रसीद किए, फिर बताया कि हमारा गुनाह क्या था | यह अमल यहीं खत्म नहीं हुआ | हमें औपचारिक सजा दिलवाने के मकसद से कर्मठ गांधीवादी चौकीदार हमें समाधि के दफ्तर में मौजूद एक अधिकारी के पास ले गए | अधिकारी अहिंसावादी निकले | उन्होंने हमें थप्पड़ नहीं मारा | काफी प्यार से समझाया कि समाधि रसोईघर जैसी जगह है, जहां चप्पल-जूते ले जाना अच्छी बात नहीं है | हम इस तर्क से पूरी तरह सहमत नहीं हुए | हमने अपने नये

जूतों की दुहाई देकर, जूते अंदर ले जाने की वजह बताने की कोशिश की | जिरह 5 मिनट भी न चली थी कि अहिंसक गांधीवादी अधिकारी विकराल सरकारी गांधीवादी में परिवर्तित हो गए और उन्होंने चिल्ला कर कहा - "ये ही नियम है | और आगे से ऐसा हुआ तो तुम्हें सीधे पुलिस के हवाले कर दूंगा | दफा हो जाओ !"

इस प्रसंग में वे अधिकारी और चौकीदार कोई गलत बात नहीं कर रहे हैं | वे नियमबद्ध आधुनिक राज्य की नियमनप्रियता की प्रतीक हैं | दूसरी तरफ हम बच्चे, हमारे नए जूते और उनसे जुड़े एहसास! हम भी गलत नहीं हैं | तो फिर गलत क्या है ? मैं गांधी में इस गलत को तलाशना चाहता हूं |

मेरा दूसरा तजुर्बा कुछ साल पहले का है | मैंने गांधी पर आयोजित एक कांफरेंस में परचा पढ़ा था | सेमिनार के बाद के एक मशहूर गांधी-विद्वान और कार्यकर्ता मुझसे स्वयं आकर मिले | मुझे नहीं मालूम कि उन्हें मेरा परचा पसंद आया था या मेरा मुसलमान नाम लेकिन उन्होंने मुझे बधाई दी और पूछा कि देश में मेरे जैसे कितने मुस्लिम विद्वान और कार्यकर्ता हैं, जो नयी गांधीवादी राजनीति में सक्रिय हो सकते हैं ?

प्रश्न अजीब था | मैं न तो कोई गांधी-विद्वान हूं और न ही कोई सियासी वोलंटीयर | मैंने कहा कि मेरी रूचि इस तरह के विषय पर सिर्फ शोध करने में है | वैसे भी आजादी के बाद मुसलमानों के बीच गांधी की पैठ पर कोई व्यवस्थित काम नहीं हुआ है | हमारे पास कुछ बेहद विरोधाभासी किस्से-कहानियां और यादें हैं, जिनके सहारे इस विषय पर बात होती रहती है |

इस तर्क का समर्थन करते हुए इन विद्वान ने मुझसे ऐसे ही किसी किस्से के बारे बताने के लिए कहा | मैंने बताया कि मेरी नानी का परिवार बंटवारे के बाद दिल्ली में ही रह गया | जब भी हम नानी से सन 47 की बात सुनते हैं तो नानी नेहरु का नाम बेहद अदब और एहतराम से लेती है | लेकिन जब भी गांधी पर बात होती तो वे या चुप हो जाती या फिर एक दर्द भरे गुस्से से कहती: उन्होंने मुसलमानों को मरवाया है !"

दूसरी तरफ इससे बिलकुल उलटी भी तस्वीर है | मेरी पत्नी की एक वृद्ध महिला रिश्तेदार से बातचीत में हमें पता लगा कि बुलंदशहर के मुस्लिम बहुल गांवों में गांधी की मौत के 40 दिन बाद मुस्लिम रिवाजों से उनका चालीसवां हुआ था और इन चालीस दिनों तक लोगों ने मातम मनाया था |

मेरा मत है कि गांधी से जुड़े इस तरह के विरोधाभासों पर काम हो | इतनी बात सुनकर उन गांधीवादी विद्वान के तास्सुरात बदल गए | वे मुझे समझाने लगे कि क्यों मेरी नानी गलत है और वे दूसरी महिला सही | धीरे-धीरे बातचीत में तल्खी आने लगी | वे गांधीवादी विद्वान गलत नहीं हैं | उनका उद्देश्य सही है | वे अपनी राजनीतिक प्रतिबद्धता के प्रति ईमानदार हैं | वे नहीं चाहते कि इस माहौल में, जब कि गांधी का इस्तेमाल मुस्लिम-विरोध तक हो रहा है, इस तरह के उलझे हुए सवालों को सार्वजनिक किया जाए | लेकिन मैं भी गलत नहीं हूं | मेरे शक-शुबहा जायज हैं | मैं बिना शोध किए यह नहीं मान सकता कि गांधी

के प्रति लोगों का केवल एक नजरिया है - सिर्फ और सिर्फ श्रद्धा, विश्वास है | एक शोधार्थी के नाते मेरा तो काम ही शक की बुनियाद पर टिका है | फिर गांधी का अपना तरीका भी रहा ही कि वे खुद, गीता सार में कहते हैं कि संदेह रहते विश्वास करना धर्म नहीं हो सकता है |

विश्वास के लिए अनुभव और अनुभव के लिए प्रयोग हमें एक ऐसे सत्य से रू-ब-रू कराते हैं, जिसे महसूस किया जा सकता है, जिसमें बदलाव की गुंजाइश होती है, और जो रोजमर्रा की व्यावहारिक जिंदगी की पेचीदगियों को अपने में समा लेने की क्षमता रखता है |

शायद 1909 में गांधी आधुनिक राजनीति के परिप्रेक्ष्य में इसी दया-धर्म के सच की खोज का आह्वान कर रहे हैं | इसी तरह के प्रश्नों से उलझते हुए मुझे लगता है कि चंपारण सत्याग्रह से भारत छोड़ो आंदोलन तक की अलग रूपरेखा खींची जा सकती है |

मैं स्पष्ट कर देना चाहता हूं कि मेरी रुचि 'हिंद स्वराज' में मौजूद पाठक नामक काल्पनिक पात्र में बिलकुल नहीं है | न ही मैं अपने को इस काबिल समझता हूं कि गांधी की तरह पूरे आत्मविश्वास के साथ संपादक बन जाऊं और एक नया 'हिंद स्वराज' लिख दूं | मैं 'हिंद स्वराज' की तर्क पद्धति में दिलचस्पी रखता हूं |

बातचीत विमर्श बनाती है और विमर्श से ही तर्कों का निर्माण होता है | जरूरत है बातचीत और अनुभव से नैतिक निर्णय के निर्माण की | यहां मैं अकील बिलग्रामी का हवाला देना चाहूंगा | अपने एक लेख में वे कहते हैं कि गांधी को समझने के लिए नैतिक आलोचना और नैतिक निर्णय के बीच के अंतर को समझना जरूरी है | नैतिक आलोचना का अर्थ है किसी भी परिघटना या विचार की अपने तयशुदा नैतिक मूल्यों के आधार पर की जाने वाली आलोचना |

लेकिन नैतिक निर्णय का मतलब है उस विचार को या घटना को अपने ऊपर लागू करना, उसे जीना और फिर एक तर्क या निर्णय पर पहुंचना | दूसरे शब्दों में कहें तो आलोचना को महज आलोचना तक सीमित करना विमर्श का अंत है जबकि आलोचना से निर्णय पर पहुंचना एक प्रक्रिया, जिसे गांधी बेहद सटीक शब्दों में 'सत्याग्रह' कह रहे हैं |

गांधी कोई सत्याग्रही वैंगार्ड नहीं हैं जिसका काम क्रांति की अगुआई करना है बल्कि सत्याग्रही का मकसद अपने को अपने आप से बाहर लाना है, अपने विचारों को खोलना है और ऐसे नैतिक निर्णयों का निर्माण करना है, जो उसके स्वयं के जीवन को सामाजिक अर्थ दे सकें |

सवाल पूछा जा सकता है कि क्या गांधी की इस पद्धति के हवाले से हम कहीं गांधीवाद और गांधीवादी राजनीति के कुछ मूल स्रोत खोजने की कोशिश तो नहीं कर रहे ?

गांधी जैसे चिंतक को कुछ स्रोत-बिंदुओं तक सीमित करना बेहद खतरनाक काम है | वह भी तब जब कि वे स्वयं इस तरह के वैचारिक अमल का खुला विरोध करते नजर आते हैं |

1945 में नेहरु को लिखे एक खत में गांधी कहते हैं:

"मैंने कहा है कि 'हिंद स्वराज' में मैंने जो लिखा है उस राज्यपद्धति पर मैं बिलकुल कायम हूं | यह सिर्फ कहने की बात नहीं है, लेकिन जो चीज मैंने सन् 1909 में लिखी है उसी

चीज का सत्य मैंने अनुभव से आज तक पाया है | आखिर मैं उसे मानने वाला एक ही रह जाऊं, उसका मुझको जरा-सा भी दुख न होगा क्योंकि मैं सत्य जैसा पाता हूं उसका ही साक्षी बन सकता हूं | 'हिंद स्वराज' मेरे सामने नहीं है | अच्छा है कि मैं उसी चित्र को आज अपनी भाषा में खींचूं | पीछे वह चित्र सन् 1909 जैसा ही है या नहीं, उसकी मुझे दरकार न रहेगी, न तुम्हें रहनी चाहिए | आखिर मैंने पहले क्या कहा था, उसे सिद्ध करना नहीं है | आज मैं क्या कहता हूं, वही जानना आवश्यक है |"

'हिंद स्वराज' ऐसी किताब है जिसमें गांधी ने कभी कोई तरमीम करने की जरूरत नहीं समझी | उनका कहना था कि यदि एक ही विषय पर उनके दो विरोधाभासी लेखन मिलें तब उनकी उसी राय को सही माना जाए, जो समय-क्रम में बाद के किसी लेख में लिखी गई हो | लेकिन इस खत में वे एक कदम आगे जाकर 'हिंद स्वराज' पर भी एक सवाल उठाते देखे जा सकते हैं | 'हिंद स्वराज' उनके लिए एक रूपरेखा है, जिसके जरिए एक अलग तरीके का चित्र खींचना मुमकिन भी है और जरूरी भी |

इस खत की दूसरी अहम बात है नैतिक निर्णय का खुलापन | गांधी कहते हैं कि 'हिंद स्वराज' की प्रासंगिकता उनके अनुभव से ताल्लुक रखती है | इसलिए वे इसकी रूपरेखा को सही मान रहे हैं | लेकिन 'हिंद स्वराज' की स्वीकार्यता का अर्थ यह नहीं हैं कि इस किताब में कोई राजनीतिक सिद्धांत प्रतिपादित हुआ है, बल्कि यहां एक अनुभवनिष्ठ प्रक्रिया का जिक्र है जिसका अपना एक नैतिक मूल्य है | तभी तो गांधी कहते हैं: आधुनिक शास्त्र की कदर करते हुए पुरानी बातों को मैं आधुनिक शास्त्र की निगाह से देखता हूं तो पुरानी बात नये लिबास में मुझे बहुत मीठी लगती है |"

दूसरा उदाहरण गांधी के राजनीतिक अमल की अप्रत्याशित प्रवृत्ति से है | गांधी पर अकसर आरोप लगाया जाता है कि उनके आंदोलन अप्रत्याशित होते थे, जो न सिर्फ सरकार को बल्कि उनके अपने साथियों को भी हैरान कर दिया करते थे | अपने दक्षिण अफ्रीका के संघर्षों और प्रयोगों का जिक्र करते हुए गांधी एक स्थान पर लिखते हैं: सत्याग्रह की खूबी यह है कि यह मनुष्य तक स्वयं आता है, यह सद्गुण सत्याग्रह के सिद्धांत में अंतनिर्हित है | धर्मयुद्ध में किसी भी पक्ष को छिपाने की जरूरत नहीं होती, असत्य नहीं होता, मक्कारी नहीं होती | पहले से तयशुदा रणनीति के आधार पर किया गया संघर्ष हकपरस्त तहरीक नहीं हो सकता | सच्चे संघर्ष में ईश्वर स्वयं अभियान की नीति निर्धारित करता है और स्वयं ही धर्मयुद्ध का संचालन करता है |

इससे साफ है कि गांधी के संघर्ष, उनकी राजनीति और उनके दया धर्म का सार उनके अपने संदर्भ में लिप्त है | वे अपने उस आज का अहम हिस्सा है, जिसे हम 1917 से 1948 तक का इतिहास कहकर छुट्टी पा लेते हैं |

अगर गांधीवाद की खोज गांधी को हमसे दूर ले जाती है, अगर गांधी के अनुभव हमें सिर्फ उन संदर्भलिप्त नैतिक की तरफ ले जाते हैं जो अपने आप में बेहद महीन और लचीले हैं, तब वह क्या संभव तरीका हो सकता है जिसके जरिये गांधी हमारे समकालीन बन सकते हैं ?

गांधी को अपना समकालीन बनाने की कवायद करने के लिए हम चार संभव प्रयास कर सकते हैं -

ऐसे मुद्दों की तलाश, जो हमारे आज के मूल प्रश्न के रूप में उभर रहे हों, अपने आज के इन सवालों की रोशनी में ऐसी ही मिलते-जुलते संदर्भ तलाशना, जिनका सामना गांधी ने किया हो, अपने प्रश्नों को हल करने की पद्धति का निरूपण;

गांधी की इन विविध पद्धतियों के सृजनात्मक अध्ययन के जरिये अपने जवाबों का निर्माण।

मेरे अंदर का पेशेवर शोधार्थी पहले तीन चरणों तक जाने में कोई झिझक महसूस नहीं करता है पर इस प्रयास का चौथा कदम थोड़ा पेचीदा है। मैं इस पक्ष पर बाद में लौटूंगा, फिलहाल बात की जाए हमारे युग के मूल प्रश्नों की।

मूल प्रश्नों का चुनाव इतना आसान काम नहीं है। एक व्यक्ति या समूह के लिए जो मुद्दा मूल प्रश्न हो सकता है, वही किसी दूसरे समुदाय के लिए बिलकुल बेबुनियाद हो सकता है। यह भी कहा जा सकता है कि मूल प्रश्न का पूरा विचार ही गलत है।

गांधी अपने लेखन में इस बात को बेहद महत्व देते दिखते हैं। उनके दो मुख्य पुस्तकें 'हिंद स्वराज' और 'रचनात्मक कार्यक्रम' इस मामले में उल्लेखनीय हैं। इन किताबों में विषयों का चुनाव और उनका क्रम बेहद दिलचस्प है। गांधी बार-बार याद दिलाते हैं कि क्यों कोई बात पहले की जा रही है और क्यों किसी बात को कहने के लिए भूमिका बांधने की जरूरत है। गांधी यह भी कहते हैं कि जिन सवालों को वे मूल प्रश्न कह रहे हैं उनका चुनाव गांधी का अपना है और वे इन सवालों को किसी दूसरे व्यक्ति या समुदाय पर थोपने के पक्षधर नहीं हैं। गांधी की आत्मकथा की भूमिका में यह खुलासा बेहद साफ मिलता है।

गांधी को समकालीन बनाने के प्रयास की दूसरी शर्त यह है कि वैसा ही कोई सवाल या उससे मिलता-जुलता मुद्दा हम लें, जो गांधी के लिए भी मूल प्रश्न रहा हो।

यह शर्त मूल प्रश्न की हमारी तलाश को थोड़ा आसान और व्यवस्थित कर देती है। हमारे पास हमारा आज भी है और गांधी का आज भी। हमारे आज के बिखराव की अपनी विशिष्टता है, जिसे हम वर्तमान कहकर एक परिधि में बांधने की कोशिश करते हैं। इसके बरअक्स गांधी का आज एक व्यवस्थित इतिहास बन चुका है, जिसमें एक शुरुआत है और एक अंत भी है। सरकारी नारा 'संकल्प से सिद्धि,' जिसे हमारे प्रधानमंत्री ने बड़े उत्साह से प्रतिपादित किया है, इसी इतिहास-बोध का उदाहरन है। इसे सुनकर ऐसा लगता है कि मानो 1942 में ही तय हो चुका था कि 1947 में क्या होगा! गांधी अपने आज को इतिहास की इस स्थूल और बासी समझ से परे रखते हैं। वे 'हिंद स्वराज' में कहते हैं: "हिस्टरी अस्वाभाविक बातों को दर्ज करती हैं। सत्याग्रह स्वाभाविक है, इसलिए उसे दर्ज करने की जरूरत ही नहीं है।" (हिंद स्वराज, 1949, पृ. 63)

इतिहास-मुक्त गांधी और हमारे आज के विमर्श का सम्मिलन कुछ ऐसे मुद्दों की ओर इशारा करता है, जो उलझे हुए भी हैं और जिन पर बातचीत भी नहीं होती है। ये सवाल हैं

लोकतांत्रिक संस्थाओं और सत्याग्रह की राजनीति के अंतर्संबंधो के |

क्या चुनी हुई लोकतांत्रिक संस्थाओं में एक आम भारतवासी की भागीदारी का अर्थ सिर्फ और सिर्फ वोट डालना है ? लोकतंत्र में विरोध की राजनीति के लिए कितनी गुंजाइश है ? क्या चुनी हुई सरकार का विरोध करना लोकतंत्र का विरोध है ? क्या इस लोकतंत्र में उस दया-धर्म के लिए कोई जगह है जिसकी चर्चा गांधी 'हिंद स्वराज' में करते हैं ? ये प्रश्न मेरी अपनी आज की समझ और गांधी के लेखन की मेरी निजी व्याख्या से निकले हैं इसलिए मैं भी गांधी की तरह अनुरोध करता हूं कि इस सवालों को आरोपित सत्य के रूप में न देखा जाए | मुझे लगता है कि हम इस बहस में न पड़ें कि ये मूल प्रश्न हैं या नहीं, बल्कि इस बात को टटोला जाए कि इन सवालों के जवाब तलाशने का व्यापक तरीका क्या हो ? मेरा मत है कि इसकी शुरुआत हमारी आज की स्वीकृत राजनीतिक नैतिकता से करना जरूरी है |

भारतीय लोकतंत्र और उसमें विरोध की राजनीति को समझने के लिए हमें भारतीय संविधान को अलग नजरिए से देखना होगा | मेरा मत है कि संविधान के विचार, उसके मूल्य और उसमें मौजूद शक्तियों के बंटवारे के बीच के फर्क और अंतर्संबंधो को रेखांकित करना बेहद जरूरी है | हमारा संविधान कुछ बुनियादी मानवीय विचारों पर आधारित है | ये विचार-मूल्य स्वतंत्रता, समानता, भाईचारा, सामाजिक बराबरी और मजहबी आजादी सिद्धांत के रूप में काम करते हैं ताकि लोकतांत्रिक संस्थाओं और नागरिकों के अधिकार और कर्तव्य निर्धारित किए जा सकें | शक्तियों के इसी बंटवारे के आधार पर सरकार बनती है, कानून बनते हैं और उनको लागू करने के प्रावधानों का विवेचन होता है; यानी सरकार और कानून उन मूल्यों को अमली जामा पहनाते हैं जो मानवीय हैं, न कि सरकारी |

निस्संदेह भारतीय संविधान एक उम्दा दस्तावेज है, जो हमारी राज्य-व्यवस्था को एक कानूनी परिधि में बांधता है | लेकिन संविधान कोई पवित्र किताब नहीं हो सकता | यह एक मानव-निर्मित दस्तावेज है, जो एक खास राजनीतिक संदर्भ में अस्तित्व में आया | इसकी सफलता का मूल कारण इसका लचीलापन है | वास्तव में संविधान में संशोधन और परिवर्तन करने की गुंजाइश ने ही इसे एक जिंदा दस्तावेज में परिवर्तित कर दिया है |

संविधान की सफलता का एक पक्ष और भी है | संविधान आज की भारतीय राजनीति का मूल वैचारिक स्रोत है | संविधान के नाम पर ही राजनीतिक दलों की विचारधाराओं का निर्माण और पुननिर्माण होता है, संविधान के नाम पर ही किसी भी राजनीतिक अमल को सही या गलत ठहराया जाता है, संविधान के नाम पर ही शासन होता है और दिलचस्प तो यह है कि संविधान के नाम पर ही शासन का राजनीतिक विरोध भी होता है | कहा जा सकता है कि भारतीय राजनीति के घालमेल में संविधान एक मुहावरा है, जिसके जरिये राजनीति की स्वीकृत जबान का निर्माण होता रहा है |

संविधान के इस महिमागान के बीच राजनीतिक नैतिकता का सवाल अहम है | अगर हमें किसी राजनीतिक मुद्दे पर अपनी असहमति जतानी हो तो क्या वह जरूरी है कि पहले हम संविधान की कसम खाएं, फिर भारत की प्रभुसत्ता की रक्षा का दवा करें, फिर संविधान

के किसी अनुच्छेद की दुहाई दें और फिर भी काम न बने तो माननीय सर्वोच्च न्यायालय का हवाला दें? मेरा मत है कि संविधान के मूल्यों की रक्षा का अर्थ राज्य संस्थाओं की संरचनाओं और उनके व्यवहारों की अंध-भक्ति नहीं है।

यहीं आकर गांधी बेहद प्रासंगिक हो जाते हैं। वे अपने पूरे राजनीतिक जीवन में इस तरह के सवालों से उलझते रहे। उनका राजनीतिक विमर्श सत्ता के साथ सत्याग्रही संबंध और स्वराज की आजाद समझ की परिधि के बीच निर्मित होता है। 1921 में वायसराय ने जब कहा था कि भारत में स्वराज तलवार के बल आ सकता है या फिर ब्रिटिश संसद की दरियादिली की वजह से, तब गांधी ने लिखा था :

"वायसराय के इस विचार से मेरा पूर्णतः मतभेद है कि यदि स्वराज तलवार की शक्ति से नहीं आता तो वह अवश्य ही ब्रिटिश संसद की ओर से आएगा। जब लोगों की इच्छा की 'तलवार' अदम्य हो जाएगी तब ब्रिटिश संसद उसकी पुष्टि करेगी। असहयोगी इस्पात की तलवार के बदले आत्मोत्सर्ग की तलवार को प्रयोग में लाने का प्रयास कर रहे हैं, यह जानने के लिए हमें अधिक काल तक प्रतीक्षा नहीं करनी पड़ेगी।"

गांधी के विचार में ब्रिटिश संसद का काम स्वराज की जन-भावना को मंजूरी देना भर है ताकि परिवर्तन की संस्थागत गतिशीलता बनी रहे। यहां यह बताना जरूरी है कि स्वराज की जन-भावना का अर्थ बहुसंख्यक समुदाय की इच्छा नहीं है। गांधी 'हिंद स्वराज' में साफ कहते हैं कि स्वराज का अर्थ नंबर गेम नहीं है। उनका मत है कि सिर्फ इसलिए कि भारत में हिंदुस्तानी ज्यादा हैं और अंग्रेज कम, भारत में स्वराज आना चाहिए, गलत धारणा है।

स्वराज का अर्थ है सत्य और अहिंसा के आधार पर सामाजिक पुनर्निर्माण और राजनीति में मूलभूत परिवर्तन। स्वराज की इस रूपरेखा में स्थानीय निकायों (जैसे नगरपालिका) से लेकर ब्रिटिश संसद तक सभी लोकतांत्रिक संस्थाओं का अपना विशिष्ट स्थान है। गांधी इन संस्थाओं को उनके जन-प्रतिनिधित्व करने के दावे की वजह से स्वीकारते हैं। लेकिन इन संस्थाओं में निहित विधायी और कार्यकारी शक्तियां उनके लिए कोई खास नैतिक मूल्य नहीं रखतीं। यही कारण है कि गांधी खुद को व्यावहारिक आदर्शवादी बताते हैं :

"मैं खुद को व्यावहारिक आदर्शवादी मानता हूं। मेरा निजी मत है कि विधायिका स्वराज लाने का जरिया नहीं हो सकती।"

"मैं खुद को एक व्यावहारिक आदर्शवादी मानता हूं। मैं जनता के संदर्भ में स्वराज प्राप्त करने के साधन के रूप में विधानसभाओं में अपना अविश्वास बरकरार रखूंगा।" (ए.आइ.सी.सी. में भाषण, पटना- 1 मई 1934)

गांधी द्वारा विधायिका में अविश्वास व्यक्त करने के अर्थ यह नहीं है कि वे लोकतंत्र के समर्थक नहीं हैं। 1928 में जब देश में ब्रिटिश विरोध अपने चरम पर था, गांधी ने 'यंग इंडिया' में लिखा था:

"अगर हम लोकतंत्र की भावना को विकसित करना चाहते हैं तो हमें सुनिश्चित करना होगा कि हमारा दृष्टिकोण अपने मुखालिफ के प्रति कैसा हो। हमें सरकार की गुलामी खत्म

करके असहयोगियों और सरकार के मुखालिफों की नई गुलामी कायम नहीं करनी है | हम अपने मुखालिफ के लिए भी वही आजादी चुनें, जिसके लिए हम संघर्ष कर रहे हैं |"

गांधी का संघर्ष लोकतंत्र की भावना के लिए है, वे उस राजनीतिक संस्कृति का निर्माण करना चाहते हैं जिसमें सेवाभाव और दयाधर्म हो | यही कारण है कि 1937 के अपने एक अन्य भाषण में गांधी संस्थाओं के संविधान, उनके नियम उपनियम और उनको चलाने वालों के व्यवहारों के फर्क को उजागर करते हैं |

गांधी की ये बातें कोरी लफ्फाजी नहीं हैं न ही एक लाचार बूढ़े की सलाह | 1946 तक आते-आते यह लगभग तय हो गया था कि भविष्य का भारत ब्रिटिश संसदीय मॉडल को अपनाएगा | इस परिप्रेक्ष्य में गांधी इस बात को भांप रहे थे कि भविष्य की संसद एक पेशेवर राजनीतिक संस्था बन सकती है और भविष्य के चुने हुए प्रतिनिधि पेशेवर नेता | इस खतरे से निबटने के लिए गांधी एक व्यावहारिक सलाह देते हैं :

"विधायक सरकार की नीतियों को पारदर्शी बनाने का काम कर सकते हैं | यह उनकी सबसे बुनियादी सेवा होगी पर उनका प्रमुख कर्तव्य तो यह है कि वे आमलोगों को बताएं कि सरकार की कमियों को जानने के बावजूद वे क्यों और कैसे सरकारी नीतियों के शिकार हो जाते हैं, वे जनता को जागरूक करें और उसे सरकार की अन्यायपूर्ण और गलत नीतियों के खिलाफ खड़े होने के लिए शिक्षित करें | विधायकों का दूसरा काम जन-विरोधी कानूनों को बनने से रोकना है और ऐसे कानून बनाने का मार्ग खोलना है जो तामीरी काम में मददगार हो |"

गांधी के इस कथन से साफ जाहिर है वे प्रतिनिधित्व के सवाल को महज कानून बनाने तक सीमित करके नहीं देखते | उनके लिए विधायकों का काम जन चेतना की नुमाइंदगी करना है | यहां तक कि अगर कोई चुनी हुई सरकार जन विरोधी काम करे तो वे जनता को सरकार के खिलाफ लड़ने के लिए तैयार करें |

सवाल पूछा जा सकता है ऐसे विधायकों की खोज करने के बजाय गांधी ने स्वयं संविधान-निर्माण में हिस्सा क्यों नहीं लिया ? वे क्यों नहीं सरकार में शामिल होकर सरकार चालाने लगे ? दिसंबर 1947 में हिंदुस्तानी तालीम संघ की एक बैठक में डॉ. जाकिर हुसैन ने गांधी से यही सवाल पूछा था :

"डॉ. जाकिर हुसैन: विभिन्न संस्थाएं कुछ विशेष कार्य करने के लिए तदर्थ समितियों के रूप में अलग-अलग बनाई गई थीं | यदि अब उन्हें मिलाकर एक संस्था बना दिया गया तो उस संस्था को सत्ता की राजनीति से दूर रखना असंभव होगा ?"

"गांधीजी: यदि संयुक्त रचनात्मक कार्यकर्ता संघ सत्ता की राजनीति में पड़ने की कोशिश करेगा तो उसका सर्वनाश हो जाएगा | अन्यथा क्या मैं स्वयं सत्ता की राजनीति में घुसकर सरकार को अपने तरीके से चलाने का प्रयाक न करता ? आज जो सत्ता की बागडोर संभाले हैं, वे आसानी से अलग हो जाते और मुझे अपनी जगह दे देते लेकिन जब तक सत्ता उनके अधिकार में है, वे अपने ही विवेक के अनुसार कार्य कर सकते हैं | मगर मैं सत्ता अपने हाथ

में लेना नहीं चाहता | हम सत्ता से परे रहकर और मतदाताओं की शुद्ध नि:स्वार्थ सेवा करके उनका मार्गदर्शन करते हुए उन पर अपना प्रभाव डाल सकते हैं |

ऐसा करके हम उससे कहीं अधिक सच्ची सत्ता प्राप्त कर सकेंगे, जो हमें सरकार में शामिल होने पर प्राप्त होगी | मगर एक वक्त ऐसा आ सकता है जब लोग यह महसूस करें और कहें कि वे चाहते हैं कि कोई और नहीं बल्कि हम ही सत्ता संभालें | तब इस सवाल पर विचार किया जा सकेगा | बहुत संभव है कि मैं तब तक जीवित ही न रहूं | लेकिन जब ऐसा समय आएगा तब संघों में से कोई ऐसा व्यक्ति जरूर आएगा जो शासन की बागडोर संभालेगा | उस समय तक भारत एक आदर्श राज्य बन जाएगा |

"डॉ. जाकिर हुसैन : काय हमें एक आदर्श राज्य का शुभारंभ करने और उसे चलाने के लिए आदर्श पुरुषों की आवश्यकता नहीं होगी ?"

"गांधीजी : हम स्वयं सरकार में शामिल हुए बिना भी अपनी पसंद के लोगों को सरकार में भेज सकते हैं | आज कांग्रेस में हर आदमी सत्ता के पीछे भाग रहा है | यह बहुत बड़े खतरे का संकेत है | हमें सत्ता-लुप्सुओं की भागदौड़ में शामिल नहीं होना चाहिए |"

गांधी की इस समझ में मतदाता संसदीय लोकतंत्र नामक मशीन का पुर्जा नहीं है | उनके लिए वोटर सत्याग्रही है | इस सत्याग्रही को संगठित करने के लिए वे संसद के बाहर रहकर जन-संस्थाओं के निर्माण का आह्वान करते हैं ताकि लोकतंत्र की सच्ची भावना की कवायद जारी रहे |

यहां इस बात का जिक्र जरूरी है कि गांधी का सत्याग्रही वोटर न तो नेहरुवादी कांग्रेस का वह आम आदमी है, जिसे मॉडर्न बनाना लाजिमी है और न ही 'टाटा टी' के विज्ञापन में आने वाला जागरूक मतदाता | उनके लिए राजनीतिक अधिकारों की पहचान एक प्रक्रिया है, जिसके जरिये दया-धर्म पर आधारित व्यापक स्वतंत्रता को आम जिंदगी में हासिल किया जा सकता है | वोटर और उनके द्वारा चुने हुए प्रतिनिधियों के इसी रिश्ते को गांधी 1937 के अपने एक भाषण में बेहद सटीक तरीके से बताते हैं | 1935 के अधिनियम के विशेष संदर्भ में दी गई इस तकरीर में वे कहते हैं:

"अब इस पर एक और दृष्टी से विचार कीजिए | विधान-मंडलों में लोग एक निश्चित, सीमित संख्या में ही सदस्य बनकर जा सकते हैं, शयद पंद्रह सौ ही सदस्य बन सकते हैं | यहां उपस्थित लोगों में से कितने लोग उनके सदस्य बन सकते हैं ? और फिलहाल इन पंद्रह सौ सदस्यों के लिए मतदान करने का अधिकार केवल साढ़े तीन करोड़ लोगों को ही प्राप्त है | शेष साढ़े इकतीस करोड़ से अधिक लोगों का क्या होगा ? स्वराज की हमारी संकल्पना के अनुसार तो ये साढ़े इकतीस करोड़ ही देश के साचे मालिक हैं और ये साढ़े तीन करोड़ मतदाता, जो पंद्रह सौ विधायकों का भाग्य करेंगे, उसके सेवक ही हैं | इस प्रकार पंद्रह सौ विधायक यदि अपने विश्वास के प्रति सच्चे रहें तो वास्तव में ये समूची जनता के दोहरे सेवक होंगे |"

लेकिन साढ़े इकतीस करोड़ लोगों को स्वयं अपने प्रति, और व्यक्तियों के रूप में वे जिसके अंश हैं उस राष्ट्र के प्रति भी, अपने दायित्व का निर्वाह करना है | यदि वे स्वयं काहिल बने रहे और उन्होंने यह जानने-समझने की कोशिश नहीं की कि स्वराज्य क्या है और उसे कैसे हासिल किया जा सकता है, तो वे पंद्रह सौ विधायकों के गुलाम बनकर रह जाएंगे | इस हिसाब से साढ़े तीन करोड़ मतदाता भी साढ़े इकतीस करोड़ आम जनता की श्रेणी में ही आते हैं | इसलिए कि यदि वे मेहनती और जागरूक न बने, तो वे भी पंद्रह सौ खिलाड़ियों के हाथ में, आम जनता की भांति, खिलौने-भर बनकर रहे जाएंगे | फिर वे खिलाड़ी कांग्रेसी विधायक हों या अन्य किसी दल के, इससे कोई खास फर्क नहीं पड़ता | यदि मतदाता हर तीन साल या ऐसी ही किसी अवधि के बाद केवल अपना मतदान करने के लिए ही आंखें खोलें और उसके बाद फिर से सो जाएं, तो उनके सेवक ही उनके मालिक बन बैठेंगे |

"ऐसी विपत्ति से बचने का एक ही उपाय मैं जानता हूं - कि सभी पैंतीस करोड़ लोग मेहनती और समझदार बनें | ऐसा तभी हो सकेगा जब वे चरखे और अन्य ग्रामोधोगों को अपना लें | वे इनको बिना समझे-बूझे न अपनाएं | मैं अपने अनुभव से आपको बतला सकता हूं कि ऐसा प्रयत्न करने का अर्थ है - सही किस्म की वयस्क शिक्षा देना और इसके लिए जरूरी है धैर्य, नैतिक मनोबल और अपनी पसंद के जिस भी गांव में, आप जो भी धंधा शुरु करना चाहते हों उसकी वैज्ञानिक तथा व्यावहारिक जानकारी हासिल करना |"

मैंने पहले कहा है कि गांधी के विचारों से सूत्र विचार निकालना गांधी की अपनी पद्धति के विरुद्ध जाता है | इसलिए अगर लोकतांत्रिक संस्थाओं और सत्याग्रही आंदोलन से संबंधित गांधी के विचारों को, जिनकी चर्चा हमने यहां की है, समेटें तो एक चारपक्षीय वक्तव्य अभिव्यक्त किया जा सकता है :

स्वराज के लिए किए जाने वाले संघर्ष का मकसद लोकतंत्र की सच्ची भावना का निर्माण है ताकि एक जिम्मेदार राजनीतिक संस्कृति पैदा हो सके |

संविधान जैसे कानूनी दस्तावेज तभी जिंदा होते हैं जब उनमें निहित मूल्यों के आधार पर अमल और व्यवहार हो | ऐसा न होने की स्थिति में संविधान के मूल्य निरर्थक हो जाते हैं | विधायक का दायित्व सिर्फ कानून बनाना नहीं है | यदि सरकार जन-विरोध का कोई काम करती है तो विधायक का फर्ज है कि वे जनता को सरकार का विरोध करने के लिए प्रेरित करें |

लोकतांत्रिक संस्थाओं में भागीदारी जरूरी है | लेकिन सिर्फ इस भागीदारी के जरिये लोकतंत्र को परिभाषित करना गलत है | वोटर का धर्म सत्याग्रही का हिया | उसे समझदार होना होगा, अपने चुने हुए प्रतिनिधि पर नजर रखनी होगी |

यहां मैं फिर याद दिलाना चाहता हूं कि गांधी के सवाल और हमारे सवाल अलग हैं | गांधी के जवाब उनके अपने आज को मुखातिब करते हैं जबकि हमें अपने आज को अलग तरीके से संबोधित करना होगा | गांधी से जो हम ले सकते हैं वह है उनकी प्रयोगधर्मिता; और यही गांधी को समकालीन बनाने के प्रयास का तीसरा कदम है |

गांधी की पद्धति से देखें तो साफ है कि विरोध की राजनीति के मूल में लोकतांत्रिक भावना छिपी हुई है | भारतीय संविधान की प्रस्तावना में वर्णित दावे इसी भावना को चरितार्थ करते हैं | इसलिए जन-विरोधी नीतियों का विरोध लोकतांत्रिक भी है, तर्कसम्मत भी है, और संवैधानिक भी |

लोकतांत्रिक विरोध को राष्ट्रद्रोह कहना संविधान की आत्मा और सत्याग्रह के विचार का अपमान है | चुनाव जीत कर आए हमारे प्रतिनिधि भूल जाते हैं कि उनका काम पार्टी-पूजा और नेता-पूजा नहीं है | जब वे संविधान की शपथ लेते हैं तो वह संविधान के मूल्यों और सिद्धांतों को अपनाने की शपथ होती है, न कि राज्यसत्ता भोगने का पांच साल का कांट्रैक्ट, क्योंकि संसद का काम जन-विरोध का संस्थागत विरोध करना है |

विरोध करने के इस रैडिकल आह्वान का एक दूसरा पहलू भी है, जो विरोध की नैतिकता से ताल्लुक रखता है | विपक्ष में मौजूद दल संविधान का इस्तेमाल विरोध करने के लिए करते ही हैं | लेकिन यह पेशेवर विरोध, सत्ता सुख के लिए होता है, न कि जन भावना को अभिव्यक्त करने के लिए | संसद में विपक्ष द्वारा नोटबंदी और जीएसटी पर जताए गए पेशेवर विरोध के बावजूद अगर देश में पनप रही आर्थिक मंदी राजनीतिक सवाल नहीं बन पाती है तो साफ है कि विपक्ष का विरोध जनता की भावनाओं का प्रतिनिधित्व नहीं कर रहा है | गांधी के चश्मे से देखें तो (शर्त यह है कि चश्मा 'स्वच्छ भारत अभियान' के विज्ञापन में दिखने वाला नहीं होना चाहिए !) यह कहा जा सकता है कि विरोध करने के लिए विरोध करना, व्यक्ति या समुदाय की कुछ मांगो को मनवाने के लिए विरोध करना, और सत्ता-प्राप्ति के लिए विरोध करना सत्याग्रही विरोध नहीं हो सकता | सयाग्रही विरोध दूसरों को ज्ञान बांटने, राजनीतिक रोडमैप बनाने और देने, 'संकल्प से सिद्धि' जैसे नारों और राजनीतिक जुमलेबाजी का नाम नहीं है |

यही बात लोकतंत्र की आज की समझ से भी जुड़ती है | लोकतंत्र का अर्थ चुनाव बाजार नहीं है, जिसमें राजनीतिक दल अपने ब्रांड और अपने चुनावी वायदे लेकर वोटर को उपभोक्ता की तरह लुभाते हैं, न ही चुनाव जीतने की क्षमता, जिसे आजकल

'विनेबिलिटी' कहा जाता है, जनमत होती है |

तो फिर सत्याग्रही विरोध का आज का मुहावरा क्या हो सकता है ? यही गांधी की समकालीनता को पाने का चौथा कदम है जिसकी ओर हमने शुरुआत में इशारा भर किया था | इस सवाल का जावाब देना किसी एक व्यक्ति या संस्था का काम नहीं है | गांधी की मानें तो इस सवाल का जवाब इतिहास में तलाशना निरर्थक होगा |

वैचारिक चक्रव्यूह से निकलने के लिए 'क्या है' और 'क्या होना चाहिए' के बीच फर्क करना जरूरी है | हम सभी यह बताने में तत्पर रहे हैं कि क्या होना चाहिए लेकिन जिस आज में हम रहते हैं उसकी पेचीदगियों को जानने-समझने की लिए हम तैयार नहीं हैं | हमें लगता है कि आज से हम पूरी तरह बा-खबर हैं और मसला सिर्फ भविष्य का है | गांधी इस तथ्य के सख्त मुखालिफ थे | इसीलिए, मुझे ऐसा लगता है कि हमें अपने आज को सामूहिक प्रयास

से जानना चाहिए |

शायद तब मुमकिन है कि दया-धर्म के कुछ नए मायने सामने आएं | शायद तब बिस्मिल्लाह पढ़कर बात शुरु करने और गीता के श्लोक से बात खत्म करने के बावजूद महंगाई, भूखमरी और जन अधिकारों की रौडिकल चर्चा की जा सके |

यही थी महात्मा गांधी जी का राजनीतिक सफर । धन्यवाद ।

महात्मा गांधीजी हिंद स्वराज

महात्मा गांधी जी : मेरा अगला सवाल लेकिन पहले कुछ पुछना चाहता हूं । बेटा तुम दोनों परेशान तो नहीं हो रहे हो ना अगर हो रहे हो तो इंटरव्यू खत्म करते हैं ।

विवेक कुमार पांडे : हम परेशान नहीं हो रहे हैं । हम खुश नसीब है जो आपके दर्शन हुए ।

सुधीर चौधरी : हम दोनो खुश नसीब है जो हम आपका इंटरव्यू ले रहे हैं । आप पुछीए सवाल ।

महात्मा गांधी जी : सवाल : क्यों महात्मा गांधी की राजनीतिक और सामाजिक सोच का आइना है उनकी किताब 'हिंद स्वराज'

महात्मा गांधी की राजनीतिक और सामाजिक सोच का आइना है उनकी किताब 'हिंद स्वराज' .

विवेक कुमार पांडे : जी । चालीस साल की उम्र में मोहनदास करमचंद गांधी ने 'हिंद स्वराज' की रचना की. 1909 में लिखे गए इस बीजक में भारत के भविष्य को संवारने के सारे मंत्र निहित हैं. आज एक शताब्दी से अधिक वर्ष बाद भी यह किताब उतनी ही उपयोगी है जितना आजादी की लड़ाई के दौरान थी इसी किताब में महात्मा गांधी ने अपनी बाकी जिंदगी की योजना को सूत्र रूप में लिख दिया था.।

20वीं सदी के उथल पुथल भरे भारत के इतिहास में जिन पांच किताबों ने राजनीति और समाज को सबसे ज्यादा प्रभावित किया है, उनमें महात्मा गांधी की किताब 'हिंद स्वराज' का नाम सरे-फेहरिस्त है. इसके अलावा जिन चार किताबों ने भारत के राजनीतिक सामाजिक चिंतन को प्रभावित किया उनके नाम हैं, भीमराव अंबेडकर की 'जाति का विनाश' मार्क्स और एंगेल्स की 'कम्युनिस्ट मैनिफेस्टो', ज्योतिराव फुले की 'गुलामगिरी' और वीडी सावरकर की किताब 'हिंदुत्व'. अंबेडकर, मार्क्स और सावरकर के बारे में तो उनकी राजनीतिक विचारधारा के उत्तराधिकारियों की वजह से हिंदी क्षेत्रों में जानकारी है.

क्योंकि मार्क्स का दर्शन कम्युनिस्ट पार्टी का, सावरकर का दर्शन बीजेपी का और अंबेडकर का दर्शन बहुजन समाज पार्टी का आधार है लेकिन 19 वीं सदी के क्रांतिकारी चिंतक और वर्णव्यवस्था को गंभीर चुनौती देने वाले ज्योतिराव फुले के बारे में जानकारी की कमी

है. हालांकि सच्चाई यह है कि डॉ आंबेडकर भी ज्योतिराव गोविंदराव फुले की क्रांतिकारी सोच से प्रभावित थे.

ज्योतिबा फुले का जन्म पुणे में हुआ था और उनके पिता पेशवा के राज्य में बहुत सम्माननीय व्यक्ति थे. लेकिन ज्योतिराव फुले अलग किस्म के इंसान थे. उन्होंने दलितों के उत्थान के लिए जो काम किया उसकी तुलना किसी से नहीं की जा सकती. ।

महात्मा फुले हमेशा ही गरीबों के पक्षधर बने रहे. आज से डेढ़ सौर साल से अधिक समय पहले महात्मा गांधी का जन्म को सौराष्ट्र में हुआ था. परिवार की महत्वाकांक्षाएं वही थीं जो तत्कालीन गुजरात के संपन्न परिवारों में होती थीं. गांधी जी वकालत पढ़ने इंगलैंड गए और जब लौटकर आए तो अच्छे पैसे की उम्मीद में घर वालों ने दक्षिण अफ्रीका में बसे गुजराती व्यापारियों का मुकदमा लड़ने के लिए भेज दिया. दक्षिण अफ्रीका में कुछ ऐसी घटनाएं हुईं जिसकी वजह से सब कुछ बदल गया.

अपने प्रकाशन के समय से ही हिंद स्वराज की देश निर्माण और सामाजिक उत्थान के कार्यकर्ताओं के लिए एक बीजक की तरह इस्तेमाल हो रही है. इसमें बताए गए सिद्धांतों को विकसित करके ही 1920 और 1930 के महात्मा गांधी के आंदोलनों का संचालन किया गया था. 1921 में यह सिद्धांत सफल नहीं हुए थे लेकिन 1930 में पूरी तरह सफल रहे. हिंद स्वराज के आलोचक भी बहुत सारे थे. उनमें सबसे बड़ा नाम तो गोपाल कृष्ण गोखले का ही है. गोखले जी 1912 में जब दक्षिण अफ्रीका गए तो उन्होंने मूल गुजराती किताब का अंग्रेजी अनुवाद देखा था. उन्हें उसका मजमून इतना अनगढ़ लगा कि उन्होंने भविष्यवाणी कर दी कि गांधी जी एक साल भारत में रहने के बाद खुद ही उस पुस्तक को नकार देंगे. महादेव भाई देसाई ने लिखा है कि गोखले जी की वह भविष्यवाणी सही नहीं निकली. 1921 में किताब फिर छपी और महात्मा गांधी ने पुस्तक के बारे में लिखा कि "वह द्वेष धर्म की जगह प्रेम धर्म सिखाती है, हिंसा की जगह आत्म बलिदान को रखती है, पशुबल से टक्कर लेने के लिए आत्मबल को खड़ा करती है. उसमें से मैंने सिर्फ एक शब्द रद्द किया है. उसे छोड़कर कुछ भी फेरबदल नहीं किया है.

यह किताब 1909 में लिखी गई थी. इसमें जो मैंने मान्यता प्रकट की है, वह आज पहले से ज्यादा मजबूत बनी है. "महादेव भाई देसाई ने किताब की 1938 की भूमिका में लिखा है कि 1938 में भी गांधी जी को कुछ जगहों पर भाषा बदलने के सिवा और कुछ फेरबदल करने जैसा नहीं लगा. हिंद स्वराज एक ऐसे ईमानदार व्यक्ति की शुरुआती रचना है, जिसे आगे चलकर भारत की आजादी को सुनिश्चित करना था और सत्य और अहिंसा जैसे दो औजार मानवता को देना था जो भविष्य की सभ्यताओं को संभाल सकेंगे. किताब की 1921 की प्रस्तावना में महात्मा गांधी ने साफ लिख दिया था कि ऐसा न मान लें कि इस किताब में जिस स्वराज की तस्वीर मैंने खड़ी की है, वैसा स्वराज्य कायम करने के लिए मेरी कोशिशें चल रही हैं, मैं जानता हूं कि अभी हिंदुस्तान उसके लिए तैयार नहीं है. लेकिन इसमें कोई शक नहीं कि आज की मेरी सामूहिक प्रवृति का ध्येय तो हिंदुस्तान की प्रजा की इच्छा के

मुताबिक पालियामेंटरी ढंग का स्वराज्य पाना है.

इसका मतलब यह हुआ कि 1921 तक महात्मा गांधी इस बात के लिए मन बना चुके थे कि भारत को संसदीय ढंग का स्वराज्य हासिल करना है. इसमें दो राय नहीं कि 1909 वाली किताब में महात्मा गांधी ने ब्रिटेन की पार्लियामेंट की बांझ और बेसवा कहा था (हिंद स्वराज पृष्ठ 13). लेकिन यह संदर्भ ब्रिटेन की पार्लियामेंट के उस वक्त के नकारापन के हवाले से कहा गया था. बाद के पृष्ठों में पार्लियामेंट के असली कर्तव्य के बारे में बात करके महात्मा जी ने बात को सही परिप्रेक्ष्य में रख दिया था और 1921 में तो साफ कह दिया था कि उनका प्रयास संसदीय लोकतंत्र की तर्ज पर आजादी हासिल करने का है. यहां महात्मा गांधी के 30 अप्रैल 1933 के हरिजन बंधु के अंक में लिखे गए लेख का उल्लेख करना जरूरी है.

लिखा है, सत्य की अपनी खोज में मैंने बहुत से विचारों को छोड़ा है और अनेक नई बातें सीखा भी हूं. उमर में भले ही मैं बूढ़ा हो गया हूं, लेकिन मुझे ऐसा नहीं लगता कि मेरा आंतरिक विकास होना बंद हो गया है. इसलिए जब किसी पाठक को मेरे दो लेखों में विरोध जैसा लगे, तब अगर उसे मेरी समझदारी में विश्वास हो तो वह एक ही विषय पर लिखे हुए दो लेखों में से मेरे बाद के लेख को प्रमाणभूत माने. इसका मतलब यह हुआ कि महात्मा जी ने अपने विचार में किसी सांचाबद्ध सोच को स्थान देने की सारी संभावनाओं को शुरू में ही समाप्त कर दिया था. उन्होंने सुनिश्चित कर लिया था कि उनका दर्शन एक सतत विकासमान विचार है और उसे हमेशा मानवता के हित में संदर्भ के साथ विकसित किया जाता रहेगा.

महात्मा गांधी के पूरे दर्शन में दो बातें महत्वपूर्ण हैं. सत्य के प्रति आग्रह और अहिंसा में पूर्ण विश्वास. चौरी चौरा की हिंसक घटनाओं के बाद गांधी ने असहयोग आंदोलन को समाप्त कर दिया था. इस फैसले का विरोध हर स्तर पर हुआ लेकिन गांधी जी किसी भी कीमत पर अपने आंदोलन को हिंसक नहीं होने देना चाहते थे. उनका कहना था कि अनुचित साधन का इस्तेमाल करके जो कुछ भी हासिल होगा, वह सही नहीं है.।

महात्मा गांधी के दर्शन में साधन की पवित्रता को बहुत महत्व दिया गया है और यहां हिंद स्वराज का स्थाई भाव है. लिखते हैं कि अगर कोई यह कहता है कि साध्य और साधन के बीच में कोई संबंध नहीं है तो यह बहुत बड़ी भूल है. यह तो धतूरे का पौधा लगाकर मोगरे के फूल की इच्छा करने जैसा हुआ. हिंद स्वराज में लिखा है कि साधन बीज है और साध्य पेड़ है इसलिए जितना संबंध बीज और पेड़ के बीच में है, उतना ही साधन और साध्य के बीच में है. हिंद स्वराज में गांधी जी ने साधन की पवित्रता को बहुत ही विस्तार से समझाया है. उनका हर काम जीवन भर इसी बुनियादी सोच पर चलता रहा है और बिना खड्ग, बिना ढाल भारत की आजादी को सुनिश्चित करने में सफल रहे.

हिंद स्वराज में महात्मा गांधी ने भारत की भावी राजनीति की बुनियाद के रूप में हिंदू और मुसलमान की एकता को स्थापित कर दिया था. उन्होंने साफ कह दिया कि, अगर हिंदू मानें कि सारा हिंदुस्तान सिर्फ हिंदुओं से भरा होना चाहिए, तो यह एक निरा सपना है.

मुसलमान अगर ऐसा मानें कि उसमें सिर्फ मुसलमान ही रहें तो उसे भी सपना ही समझिए. मुझे झगड़ा न करना हो, तो मुसलमान क्या करेगा? और मुसलमान को झगड़ा न करना हो, तो मैं क्या कर सकता हूं? हवा में हाथ उठाने वाले का हाथ उखड़ जाता है. सब अपने धर्म का स्वरूप समझकर उससे चिपके रहें और शास्त्रियों व मुल्लाओं को बीच में न आने दें, तो झगड़े का मुंह हमेशा के लिए काला रहेगा. (हिंद स्वराज, पृष्ठ 31 और 35) यानी अगर स्वार्थी तत्वों की बात न मानकर इस देश के हिंदू मुसलमान अपने धर्म की मूल भावनाओं को समझें और पालन करें तो आज भी देश में अमन चैन कायम रह सकता है और प्रगति का लक्ष्य हासिल किया जा सकता है.

इस तरह हम देखते है कि आज से ठीक सौ वर्ष पहले राजनीतिक और सामाजिक आचरण का जो मंत्र महात्मा गांधी ने हिंद स्वराज के रूप में लिखा था, वह आने वाली सभ्यताओं को अमन चैन की जिंदगी जीने की प्रेरणा देता रहेगा.

महात्मा गांधी जी : अगला सवाल : अंग्रेजों ने भारत में कैसे की सबसे बड़ी लूट, तीन हजार लाख करोड़ के लूट की कहानी पता है कि नहीं बेटा तुम दोनों को .

विवेक कुमार पांडे : मुझे नहीं पता है ।

सुधीर चौधरी : मुझे पता है । मैंने इतिहास के किताब में पढ़ा था .। तो सुनीये सभी दर्शक मुझे ध्यान से ।

ब्रिटिश शासन के दौरान भारत में एक्सचेंज रेट 4.8 अमेरिकी डॉलर प्रति पाउंड था। भारत जो पैसा ब्रिटेन ने भारत से चुराया उसे हिंसा के लिए इस्तेमाल किया। साल 1840 में चीनी घुसपैठ और 1857 में विद्रोह आंदोलन को दबाने का तरीका निकाला गया और उसका पैसा भी भारतीयों के द्वारा दिए गए कर से ही लिया गया। भारतीय राजस्व से ही ब्रिटेन अन्य देशों से जंग का खर्च निकालता था और कनाडा, ऑस्ट्रेलिया जैसे देशों का विकास करता था।

इस पूरी भ्रष्ट व्यवस्था का असर ये हुआ कि भले ही पूरी दुनिया के सामने भारत बेहद अच्छा बिजनेस कर रहा था और बेहद अच्छा मुनाफा कमा रहा था, जो अगले तीन दशकों तक देश को चला सकता था पर भारत के राजसी खजाने और वित्तीय कागजों में देश कंगाल हो रहा था। भारत की असली कमाई ब्रिटेन लूटकर ले जा रहा था।

*टैक्स एंड बाय सिस्टम किया लागू

जब ब्रिटिश राज भारत में 1847 तक पूरी तरह से लागू हो गया उस समय नया टैक्स एंड बाय सिस्टम लागू किया गया। ईस्ट इंडिया कंपनी का काम कम हो गया और भारतीय व्यापारी खुद निर्यात करने के लिए तैयार हो गए। भारत से जो कोई भी विदेशी व्यापार करना चाहता था उसे खास काउंसिल बिल का इस्तेमाल करना होता था। ये एक अलग पेपर करंसी होती थी, जो सिर्फ ब्रिटिश क्राउन द्वारा ही ली जा सकती थी और उन्हें लेने का एक मात्र तरीका था लंदन में सोने या चांदी द्वारा बिल लिए जाएं।

*ऐसे पहुंचा ब्रिटेन में मुनाफा

जब भारतीय व्यापारियों के पास ये बिल जाते थे तो उन्हें इसे अंग्रेज सरकार से कैश करवाना होता था। इन बिल्स को कैश करवाने पर उन्हें रुपयों में पेमेंट मिलती थी। ये वो पेमेंट होती थी जो उन्हीं के द्वारा दिए गए टैक्स द्वारा इकट्ठा की गई होती थी यानी व्यापारियों का पैसा ही उन्हें वापस दिया जाता था। इसका मतलब बिना खर्च अंग्रेजी सरकार के पास सोना-चांदी भी आ जाता था और व्यापारियों को लगता था कि ये पैसा उनका कमाया हुआ है। ऐसे में लंदन में वो सारा सोना-चांदी इकट्ठा हो गया जो सीधे भारतीय व्यापारियों के पास आना चाहिए था।

*सेंध लगाने की शुरुआत

ये सब कुछ ट्रेड सिस्टम के आधार पर हुआ। औपनिवेशिक काल के पहले ब्रिटेन भारत से कई तरह का सामान खरीदा करता था। इसमें कपड़े और चावल प्रमुख थे। भारतीय विक्रेताओं को अंग्रेजों की तरफ से कीमत भी उसी तरह से मिलती थी, जिस तरह से अंग्रेज अन्य देशों में व्यापार करते थे। यानी चांदी के रूप में, लेकिन 1765 के बाद ईस्ट इंडिया कंपनी के विकास के साथ ही उसका भारतीय व्यापार पर एकछत्र राज हो गया।

विवेक कुमार पांडे : गांधी जी में आपसे सवाल पुछना चाहता हूं। कैसे देश उन्नति कर सकता है।

महात्मा गांधी जी : शुरू से लेके में अभी तक भारत को देख रहा हूं। में तुम्हें विस्तार से बताऊंगा। देश की उन्नति हमारी उन्नति: हमारा भारत देश की उन्नति हम पर ही निर्भर करती है हमें हमारे देश की उन्नति पर महत्व देते हुए सबसे पहले हमारे क्या कर्तव्य है यह समझना जरूरी एक व्यक्ति उन्नति उसके राष्ट्र उसकी स्वयं की उन्नति है इसके लिए सबसे पहले तो हमारे क्या कर्तव्य है ये समझना होगा आर्थिक विकास में वृद्धि, अनुशासन ,अच्छी शिक्षा, हमारे देश की गरीबी को मिटाने ,सभी राजनीतिक और सामाजिक मुद्दों को मिटाना जरूरी है सभी के आदर की भावना रखकर वोट डालने जाना सभी वह कार्य जो देश की उन्नति में बाधा पहुंचाते हैं उन्हें खत्म करना वह बाधाएं खत्म होगी तभी देश और हमारी उन्नति संभव है।

*अनेकता में एकता भारत की राष्ट्रीय विशेषता

हमारे देश भारत के उन्नति का एक महत्वपूर्ण तत्व अनेकता में एकता की भावना है हमारे देश में विभिन्न जाति और धर्म के लोग हैं जो आपस में मिलकर रहते हैं जो हमारे उन्नति का एक अति आवश्यक तत्व है भारत देश में हर एक हजार किलोमीटर पर बोलियां बदलती जाती है तरह-तरह की बोलियां संस्कृति है जो हमारे देश को एक धागे में बांधे रखती है और यही कारण है कि इस एकता की वजह से ही हमारा देश भारत नित्य नए आयाम कायम कर रहा है और उन्नति प्राप्त कर रहा है।

*देश की उन्नति के लिए भारतीय सशस्त्र बल

हमारे भारत देश की सहस्त्र बल में चार बड़ी सैन्य शक्ति है जो हर युद्ध में विजय प्राप्त करती है और इसकी वजह से ही कोई आतंकवाद या घुसपैठिया हमारे देश को कोई नुकसान

नहीं पोहचा पाता है इसकी सैन्य सकती कि रक्षा की वजह से ही हमारे देश में इतनी उन्नति हुई है हमारे देश के पास स्वम कीअत्याधुनिक मिसाइलें हैं।

*देश के उन्नति देश के सर्वश्रेष्ठ हवाई अड्डे

हमारे देश में इतनी उन्नति की है कि वर्ष 2015 में सालाना 25 से 40 मिलियन यात्री श्रेणी में एयरपोर्ट काउंसिल इंटरनेशनल नई दिल्ली स्थित इंदिरा गांधी अंतर्राष्ट्रीय आईजीआई हवाईअड्डा को सर्वश्रेष्ठ हवाई अड्डा का खिताब दिया मिला।

*देश की उन्नति भारतीय रेलवे

वर्ष 1947 में स्वतंत्रता के बाद भारत का पुराना रेल नेटवर्क विरासत में मिला स्वतंत्रता के समय 32 लाइनों समेत कुल 42 अलग-अलग रेलवे प्रणालियों थी जिसके मालिक भूतपूर्व भारतीय रियासतों के प्रमुख थे।ये लाइनें करीब 33,000 किलोमीटर की थी वर्ष 1951 में इसका राष्ट्रीयकरण किया गया अब भारतीय रेलवे दुनिया का सबसे बड़े नेटवर्क में से एक है इसमें 68,312 किलोमीटर मार्ग पर 115,000 किमी का ट्रैक और 7112 स्टेशन है।

*उत्पादन के मामले में देश की उन्नति

सबसे सस्ती दरों पर हमारे देश भारत में वायरलेस टेलीफोन प्रदान करने वाला देश बना दुनिया का सबसे कम लागत वाला सुपर कंप्यूटर भारत ने तैयार किया है नैनो सबसे सस्ती जो कि हमारे देश में बनी दोपहिया वाहनों के उत्पादन में भी भारत सबसे आगे है। दूध और मक्खन में हमारा भारत दुनिया का सबसे बड़ा देश है,भारत सोने का सबसे बड़ा आयातक और उपभोक्ता राष्ट्र भी है।

*प्रौद्योगिकी और अंतरिक्ष में देश के उन्नति

आज हमारे देश प्रौद्योगिकी और अंतरिक्ष में सबसे उन्नत राष्ट्र में से एक है 1975 में हमारे देश में अंतरिक्ष के उपग्रहों का डिजाइन तैयार किया था जिसका नाम गणितज्ञ भारतीय ज्योतिष आचार्य आर्यभट्ट के नाम पर रखा गया था और अब हमारा भारत देश मंगल ग्रह की कक्षा पर पहुंचने वाला दुनिया का चौथा देश और पहले ही प्रयास में पहुंचने वाला पहला देश बना है चंद्रमा पर मिट्टी में पानी की मौजूदगी की खोज सर्वप्रथम भारत की ही देन है।

*शिक्षा के क्षेत्र में उन्नति

शिक्षा के क्षेत्र पर उन्नति शिक्षा और डिजिटल इंडिया में भारत में स्वतंत्रता के बाद लगातार विकास दर बढ़ रही है भारत की वर्तमान साक्षरता दर 74.4 प्रतिशत है।

"जननी जन्मभूमिश्च स्वर्गादपि गरीयसी."

हमारे देश अत्यंत प्राचीन देश है जो सोने की चिड़िया कहकर पुकारा जाता था तक्षशिला तथा नालंदा विश्वविद्यालय संपूर्ण विश्व में ज्ञान का प्रकाश फैला कर देश की उन्नति कर रहे है।आप खुद ही सोचिए जब देश विदेश से विद्यार्थियों आकर शिक्षा ग्रहण कर रहे हैं तो हमारे देश की शिक्षा ने देश की उन्नति में कितना महत्वपूर्ण योगदान प्रदान किया है।

देश की उन्नति में शिक्षा का अत्यधिक महत्व है शिक्षा ही है जो हमारे देश का भविष्य निर्धारित करती हर विद्यार्थी का भविष्य शिक्षा पर ही निर्भर होता है शिक्षा के बल पर कई आविष्कार होते हैं इन्हीं अविष्कारों की वजह से प्रत्येक व्यक्ति के जीवन आसान बन जाता है। हमारे देश के विद्यार्थी अच्छी शिक्षा प्राप्त करके हमारे देश की उन्नति में अपना योगदान प्रदान कर रहे हैं।

मिड डे मील योजना देश की उन्नति का एक तत्व: भारत की मिड डे मील योजना दुनिया की सबसे बड़ी स्कूल भोजन कार्यक्रम योजना है जो रोजाना 120 मिलियन बच्चों को खाना खिलाती है, और हमारा राष्ट्रीय ग्रामीण रोजगार योजना दुनिया में सबसे बड़े कार्यक्रम में से एक है।

कृषि क्षेत्र में उन्नति: कृषि के क्षेत्र में हरित क्रांति की वजह से खाद्यान्न उत्पादन में चार गुना से भी अधिक बढ़ोतरी हुई है कृषि से हमारे देश के आधे से अधिक लोगों का जीवन यापन चलता है और इसमें भी हमारे भारत देश ने बहुत उन्नति की है।

देश की उन्नति में महिलाओं का योगदान: हमारे देश की महिलाये आज हर क्षेत्र में अग्रणी है और देश की उन्नति में सहायता प्रदान कर रही है प्रधानमंत्री ,राष्ट्रपति ,लोकसभा अध्यक्ष, नेता, डॉक्टर, वकील, पुलिस ,सेना में सभी जगह आज हमारे देश की महिला अग्रणी है यहां तक कि पूरी दुनिया में मिस यूनिवर्स, मिस वर्ल्ड बन कर देश का नाम रोशन कर रही हैं हमारे देश में अभी कई महिलाएं मुख्यमंत्री के पद पर अपनी सेवाएं दे रही हैं सो प्रतिशत महिलाएं कोडा स्सेरी पंचायत में निर्वाचित सदस्य है।हमारे देश की उन्नति में महिलाओं ने साबित कर दिया कि वह भी किसी से कम नहीं है।

समझ गए मेरी बात को ।

सुधीर चौधरी : जी समझ गए

विवेक कुमार पांडे : जी समझ गए ।

महात्मा गांधी जी : चलो में एक सवाल पुछता हुं । प्रशन : भारत में अंग्रेजों के आने से पहले किसका राज था? इसका जवाब में खुद देता हूं । 1757 में प्लासी की लड़ाई में रॉबर्ट क्लाईव के नेतृत्व में ईस्ट इंडिया कंपनी ने बंगाल के नवाब सिराजुद्दौला को पराजित कर दिया था . इसके साथ ही भारत में ईस्ट इंडिया कंपनी का शासन स्थापित हो गया था.

विवेक कुमार पांडे : गांधी जी एक सवाल में आपसे पुछना चाहता हूं । अंग्रेज भारत से क्या ले गए?

महात्मा गांधी जी : अंग्रेजों ने साल 1765 से 1938 तक कुल 9.2 ट्रिलियन पाउंड का खजाना लूटा था, जो कि 45 ट्रिलियन डॉलर के बराबर है. उत्सा ने अपने निबंध में बताया कि अंग्रेज़ों ने भारत को लूटकर बर्बाद कर दिया और अपनी शान-ओ-शौकत के लिए कभी भी भारत का नाम तक नहीं लिया.

विवेक कुमार पांडे : एक आखिरी सवाल । आप हमें क्यों छोड़कर चले गए अब आए हैं तो रह जाइए देश को जरूरत है आपकी ।

महात्मा गांधी जी : देखो बेटा जिसने जन्म लिया है उसका मृत्यु तय है । में अब इस दुनिया नहीं हुं । अब मेरा आत्मा ही रह गया है । में मर चुका हूं अब वापस नहीं आ सकता हूं । में आज सिर्फ सभी को याद कर वाने के लिए आया हूं कि आखिर कौन है माहत्मा गांधी सभ उन्हें भुल गए हैं ।

"मेरे ख्याल से अब सभी जान गए होंगे आखिर कौन है माहत्मा गांधी जी". । ठीक है बेटा अब में चलता हूं । अपना ख्याल रखना । जय हिन्द जय भारत ।

सुधीर चौधरी : थोड़ी देर रूक जाइए ।

विवेक कुमार पांडे : जी थोड़ी देर ओर रुक जाइए ।

महात्मा गांधी जी : जाते जाते एक बार हम सभी राष्टगान गा लेते हैं ।

विवेक कुमार पांडे : जी । में सभी अपने दर्शकों को कहना चाहता हूं जीतने भी लोग हमें देख रहे हैं । तो अपनी जगह पर खड़े हो जाएं राष्टगान के लिए ।

जन गण मन अधिनायक जय हे,

भारत भाग्य विधाता,

पंजाब सिन्धु गुजरात मराठा,

द्राविड़ उत्कल बंगा,

विंध्य हिमाचल यमुना गंगा,

उच्छल जलधि तरंगा,

तव शुभ नामे जागे,

तव शुभ आशीष मांगे,

गाहे तव जयगाथा,

जन गण मंगल दायक,

जय हे भारत भाग्य विधाता,

जय हे जय हे जय जय जय जय हे.

भारत माता कि जय ।

(जैसे ही राष्टगान खत्म हुआ । गांधीजी गायब हो गए । मेरी मम्मी ने मुझे उठाया में नींद में बड़बड़ा रहा था । लेकिन सपना बहुत अच्छा देखा । मैंने अपनी मम्मी से कहा ।)

विवेक : मां मैंने सपना में गांधी जी का इंटरव्यू लिया ।

मां : इसलिए कब से नींद में बड़बड़ा रहे थे । चलो बहुत अच्छे कि बात है तुमने गांधीजी का इंटरव्यू लिया । अब उठो फ्रेश हो जाओ मैंने खाना बना दिया है. ।

[तो कैसी लगी स्टोरी आप सभी को , इस स्टोरी को पढ़ने से बहुत फायदा होगा एक तो इतिहास जानने को मिलेगा । मुझे भी बहुत मज़ा आया महात्मा गांधी जी का इंटरव्यू लेके आप सभी का बहुत बहुत धन्यवाद .।]

प्राचीन भारत का इतिहास

आप सभी प्राचीन भारत का भी इतिहास जानले । आपके लिए बहुत महत्वपूर्ण होगा ।

बीसवीं शताब्दी के प्रारंभ तक इतिहासकारों की यह मान्यता थी कि वैदिक सभ्यता भारत की सबसे प्राचीन सभ्यता है। परन्तु सर दयाराम साहनी के नेतृत्व में १९२१ में जब हड़प्पा (पंजाब के माँन्टगोमरी जिले में स्थित) की खुदाई हुई तब इस बात का पता चला कि भारत की सबसे पुरानी सभ्यता वैदिक नहीं वरन सिन्धु घाटी की सभ्यता है। अगले साल अर्थात १९२२ में राखालदास बनर्जी के नेतृत्व में मोहनजोदड़ो (सिन्ध के लरकाना जिले में स्थित) की खुदाई हुई। हड़प्पा टीले के बारे में सबसे पहले चार्ल्स मैसन ने १९२६ में उल्लेख किया था। मोहनजोदड़ो को सिन्धी भाषा में मृतकों का टीला कहा जाता है। १९२२ में राखालदास बनर्जी ने और इसके बाद १९२२ से १९३० तक सर जॉन मार्शल के निर्देशन में यहां उत्खनन कार्य करवाया गया।

सिंधु घाटी सभ्यता (2500 ईसापूर्व से 1750 ईसापूर्व तक) विश्व की प्राचीन नदी घाटी सभ्यताओं में से एक प्रमुख सभ्यता है। सम्मानित पत्रिका नेचर में प्रकाशित शोध के अनुसार यह सभ्यता कम से कम 8000 वर्ष पुरानी है। यह हड़प्पा सभ्यता और 'सिंधु-सरस्वती सभ्यता' के नाम से भी जानी जाती है। इसका विकास सिंधु और घघ्घर/हकड़ा (प्राचीन सरस्वती) के किनारे हुआ।मोहनजोदड़ो, कालीबंगा, लोथल, धोलावीरा, राखीगढ़ी और हड़प्पा इसके प्रमुख केन्द्र थे। दिसम्बर २०१४ में भिर्दाना को अबतक का खोजा गया सबसे प्राचीन नगर माना गया सिंधु घाटी सभ्यता का। ब्रिटिश काल में हुई खुदाइयों के आधार पर पुरातत्ववेत्ता और इतिहासकारों का अनुमान है कि यह अत्यंत विकसित सभ्यता थी और ये शहर अनेक बार बसे और उजड़े हैं।

इस सभ्यता की सबसे विशेष बात थी यहां की विकसित नगर निर्माण योजना। हड़प्पा तथा मोहनजोदड़ो दोनो नगरों के अपने दुर्ग थे जहां शासक वर्ग का परिवार रहता था। प्रत्येक नगर में दुर्ग के बाहर एक एक उससे निम्न स्तर का शहर था जहां ईंटों के मकानों में सामान्य लोग रहते थे। इन नगर भवनों के बारे में विशेष बात ये थी कि ये जाल की तरह विन्यस्त थे। यानि सड़के एक दूसरे को समकोण पर काटती थीं और नगर अनेक आयताकार खंडों में विभक्त हो जाता था। ये बात सभी सिन्धु बस्तियों पर लागू होती थीं चाहे वे छोटी हों या बड़ी। हड़प्पा तथा मोहनजोदड़ो के भवन बड़े होते थे। वहाँ के स्मारक इस बात के प्रमाण हैं कि वहाँ के शासक मजदूर जुटाने और कर-संग्रह में परम कुशल थे। ईंटों की बड़ी-बड़ी इमारत देख कर सामान्य लोगों को भी यह लगेगा कि ये शासक कितने प्रतापी और प्रतिष्ठावान् थे।

मोहनजोदड़ो का अब तक का सबसे प्रसिद्ध स्थल है विशाल सार्वजनिक स्नानागार, जिसका जलाशय दुर्ग के टीले में है।

इतनी विस्तृत सभ्यता होने के बावजूद भी इसकी उत्पत्ति को लेकर आज भी विद्वानों में मतैक्य का अभाव है। इसकी सबसे बड़ी वजह यह है कि हड़प्पा संस्कृति के जितने भी

स्थलों की अब तक खुदाई हुई है वहां सभ्यता के विकास अनुक्रम का चिन्ह स्पष्ट नही मिलता है अर्थात इस सभ्यता के अवशेष जहां कहीं भी मिले हैं अपनी पूर्ण विकसित अवस्था में ही मिले हैं।

सर जॉन मार्शल, गार्डन चाईल्ड, मार्टीमर व्हीलर आदि इतिहासकारों की मान्यता है कि हड़प्पा सभ्यता की उत्पत्ति में विदेशी तत्व का हाथ रहा है। इन इतिहासकारों का मानना है कि हड़प्पा की उत्पत्ति मेसोपोटामिया की शाखा सुमेरिया की सभ्यता की प्रेरणा से हुई है। इन दोनो सभ्यताओं में कुछ समानताएं भी देखने को मिलती है जो इस प्रकार है -

(१) दोनो ही सभ्यता नगरीय है।

(२) दोनो ही सभ्यताओं के निवासी कांसे और तांबे के साथ साथ पाषाण के लघु उपकरणों का प्रयोग करते थे।

(३) दोनों ही सभ्यताओं के भवन निर्माण में कच्चे और पक्के दोनो ही प्रकार के ईंटों का प्रयोग हुआ है।

(४) दोनो को लिपि का ज्ञान था।

इन्ही समानताओं के आधार पर व्हीलर ने सैन्धव सभ्यता को सुमेरियन सभ्यता का एक उपनिवेश बताया था। लेकिन इन समानताओं के बावजूद कुछ ऐसी असमानताएं भी हैं जिनकी उपेक्षा नहीं की जा सकती है। हड़प्पा सभ्यता की नगर योजना सुमेरिया की सभ्यता से अधिक सुव्यवस्थित है। दोनो ही सभ्यताओं में आम उपयोग की चीजें काफी भिन्न हैं जैसे बर्तन, उपकरण, मूर्तियां, मुहरें आदि। फिर दोनों ही सभ्यताओं के लिपि में भी अंतर है। जहां सुमेरियाई लिपि में ९०० अक्षर हैं वहीं सिन्धु लिपि में केवल ४०० अक्षर हैं। इन विभिन्नताओं के होते हुए दोनो सभ्यताओं को समान मानना समुचित नहीं लगता।

*उत्तरवैदिक काल

ऋग्वैदिक काल में आर्यों का निवास स्थान सिन्धु तथा सरस्वती नदियों के बीच में था। बाद में वे सम्पूर्ण उत्तर भारत में फैल चुके थे। सभ्यता का मुख्य क्षेत्र गंगा और उसकी सहायक नदियों का मैदान हो गया था। गंगा को आज भारत की सबसे पवित्र नदी माना जाता है। इस काल में विश् का विस्तार होता गया और कई जन विलुप्त हो गए। भरत, त्रित्सु और तुर्वस जैसे जन् राजनीतिक हलकों से ग़ायब हो गए जबकि पुरु पहले से अधिक शक्तिशाली हो गए। पूर्वी उत्तर प्रदेश और बिहार में कुछ नए राज्यों का विकास हो गया था, जैसे - काशी, कोसल, विदेह (मिथिला), मगध और अंग।

ऋग्वैदिक काल में सरस्वती नदी को सबसे महत्वपूर्ण माना जाता है। गंगा और यमुना नदी का उल्लेख केवल एक बार हुआ है। इस काल में कौसाम्बी नगर में पहली बार पक्की ईंटो का प्रयोग किया गया। इस काल में वर्ण व्यासाय के बजाय जन्म के आधार पे निर्धारित होने लगे।

*ऋग्वेद

1. ऋग्वेद देवताओं की स्तुति से सम्बंधित रचनाओं का संग्रह है। 2. यह 10 मंडलों में विभक्त है। इसमे 2 से 7 तक के मंडल प्राचीनतम माने जाते हैं। प्रथम एवं दशम मंडल बाद में जोड़े गए हैं। इसमें 1028 सूक्त हैं। 3. इसकी भाषा पद्यात्मक है। 4. ऋग्वेद में 33 प्रकार के देवों (दिव्य गुणों से युक्त पदार्थ) का उल्लेख मिलता है। 5. प्रसिद्ध गायत्री मंत्र जो सूर्य से सम्बंधित देवी गायत्री को संबोधित है, ऋग्वेद में सर्वप्रथम प्राप्त होता है। 6. ' असतो मा सद्गमय ' वाक्य ऋग्वेद से लिया गया है। 7. ऋग्वेद में मंत्र को कंठस्त करने में स्त्रियों के नाम भी मिलते हैं, जिनमें प्रमुख हैं- लोपामुद्रा, घोषा, शाची, पौलोमी एवं काक्षावृती आदि। 8. इसके पुरोहित के नाम होत्री है।

*यजुर्वेद

यजु का अर्थ होता है यज्ञ। इसमें धनुर्यवीद्या का उल्लेख है।

यजुर्वेद वेद में यज्ञ की विधियों का वर्णन किया गया है।

इसमे मंत्रों का संकलन आनुष्ठानिक यज्ञ के समय सस्तर पाठ करने के उद्देश्य से किया गया है।

इसमे मंत्रों के साथ साथ धार्मिक अनुष्ठानों का भी विवरण है, जिसे मंत्रोच्चारण के साथ संपादित किए जाने का विधान सुझाया गया है।

यजुर्वेद की भाषा पद्यात्मक एवं गद्यात्मक दोनों है। यजुर्वेद की दो शाखाएं हैं- कृष्ण यजुर्वेद तथा शुक्ल यजुर्वेद।

कृष्ण यजुर्वेद की चार शाखाएं हैं- मैत्रायणी संहिता, काठक संहिता, कपिन्थल तथा संहिता। शुक्ल यजुर्वेद की दो शाखाएं हैं- मध्यान्दीन तथा कण्व संहिता। यह 40 अध्याय में विभाजित है। इसी ग्रन्थ में पहली बार राजसूय तथा वाजपेय जैसे दो राजकीय समारोह का उल्लेख है।

*सामवेद

सामवेद की रचना ऋग्वेद में दिए गए मंत्रों को गाने योग्य बनाने हेतु की गयी थी। इसमे 1810 छंद हैं जिनमें 75 को छोड़कर शेष सभी ऋग्वेद में उल्लेखित हैं। सामवेद तीन शाखाओं में विभक्त है- कौथुम, राणायनीय और जैमनीय।

सामवेद को भारत की प्रथम संगीतात्मक पुस्तक होने का गौरव प्राप्त है।

*अथर्व वेद

इस वेद में रहस्यमई विद्याओं, चमत्कार, जादू टोने, आयुर्वेद जड़ी बूटियों का वर्णन मिलता है।

इसमें कुल 20 अध्याय में 5687 मंत्र हैं।

अथर्ववेद आठ खंड में विभाजित है। इसमें भेषज वेद और धातु वेद दो प्रकार मिलते हैं।

धन्यवाद आप सभी का...........